理论关键词

新质
生产力

丁利民 王珍▪主编

周丹旎▪特约编辑

上海人民出版社

作者简介

丁利民

Ding Limin

现任解放日报社党委副书记，主任记者，曾任湖北省委副秘书长、上海市委外宣办（上海市政府新闻办）副主任、"上海发布"办公室主任，编写作品曾获上海新闻奖。

王 珍

Wang Zhen

现任解放日报理论工作室主编、上观新闻"思想汇"栏目主编，主任编辑。曾获中国新闻奖、上海新闻奖、上海市哲学社会科学优秀成果奖等。

目 录

▲**新质生产力的内涵要义**▲

习近平总书记首次提到"新质生产力"，有何深意？
（陈　强）…………………………………………… 3

中央经济工作会议再提"新质生产力"，传递出什么信号？
（沈开艳　何　畅）……………………………… 7

新质生产力到底"新"在哪里？（刘　泾）………………13

从这本小册子，读懂"新质生产力"的理论根源
（周　晔）………………………………………17

为什么说"发展新质生产力"也是改革命题？（唐珏岚）
……………………………………………21

加快发展新质生产力，有何重要战略意义？（石建勋）
……………………………………………26

新质生产力是一种"先进生产力质态"，这该如何理解？
（秦德君）…………………………………………36

从"第一生产力"到新质生产力，实现了怎样的跨越？
（李　湛）…………………………………………41

新质生产力的高效能体现在哪些方面？
（陈学伟　李鸿渊）……………………………51

如何理解"新质生产力本身就是绿色生产力"？（王朝科）
……………………………………………54

▲新质生产力与高质量发展▲

新质生产力何以成为高质量发展的战略新选择？
　（侯为民）……………………………………………61

发展新质生产力，为何是推动高质量发展的内在要求
　和重要着力点？（胡晓鹏）………………………67

今年政府工作十大任务，为何要将这一条放在首位？
　（陈旭东）……………………………………………72

各地都在抢抓发展新质生产力，习近平总书记作出这一
　提醒有何深意？（刘虎沉）………………………75

加强政策工具创新和协调配合，着力推动高质量发展
　（伍爱群）……………………………………………79

超前布局建设未来产业高校能做什么？（周江林）………82

如何打造适应新质生产力发展的人才链？
　（黄烨菁　徐　徕）…………………………………86

加速新质生产力效能释放，推动长三角一体化发展取得
　更大突破（魏　翊　张树平）……………………92

发展新质生产力高校能做什么？（张　林）……………97

▲新质生产力与新动能▲

摆脱传统经济增长方式，新质生产力为中国式现代化注
　入强大动能（甘梅霞　鲍宇昕）………………… 105

不只是技术迭代，Sora带来的是一场深刻变革
　（杨小康）………………………………………… 111

打通颠覆性技术创新堵点，加快发展新质生产力
　（胡　雯）………………………………………… 119

连续 11 年高于 GDP 增速！数字经济发展势头强劲，
　中央为何提出这个新要求？（田　林）…………… 124

数据也会"成长"，释放数据要素价值要加快建设这个
　市场（陈宏民）………………………………… 128

从生成式人工智能应用，看文化新质生产力如何撬动
　变革（王世伟）………………………………… 137

加快发展新质生产力，科学布局"三大产业"是关键
　（刘　典）……………………………………… 145

加强国家战略科技力量布局，如何更好发挥这支"主力
　军"作用？（钱春海）………………………… 150

◣新质生产力与上海发展◢

居于"五个中心"首位，建设上海国际经济中心有何重
　要意义？（王思政）…………………………… 159

它是世界科技中心形成的重要基石！上海国际科创中心
　建设要强化这类研究布局（印　杰）………… 167

以科技创新为引领，上海如何率先建设现代化产业体系？
　（谢露露　汤蕴懿）…………………………… 173

聚焦加快发展新质生产力，上海推进新型工业化有哪些
　新路径？（徐丽梅）…………………………… 180

新型工业化"新"在哪里？上海如何领航先行？
　（李　伟）……………………………………… 183

以新质生产力为驱动，加快上海国际经济中心建设
　（谢一青）……………………………………… 189

提升上海国际金融中心竞争力与影响力，需着力从四方
　面突破创新（孙立行）………………………… 193

赋能现代化产业体系建设，上海如何撬动这一支点？
　（纪园园　朱平芳　毛勇春）…………………………199

因地制宜发展新质生产力，上海城市空间资源如何进一
　步优化配置？（程　鹏　杨　犇）…………………………205

上海推进"人工智能＋"，"四个协同"是重要突破口
　（刘　丰）…………………………………………………210

后　记……………………………………………………215

新质生产力
的内涵要义

习近平总书记首次提到
"新质生产力"，有何深意？

陈 强[*]

习近平总书记在黑龙江考察调研期间指出，整合科技创新资源，引领发展战略性新兴产业和未来产业，加快形成新质生产力。其中，关于"新质生产力"的提法意味深长，令人耳目一新。

从历次科技革命和产业变革的演进过程看，新的生产力形成发端于重大科学发现和技术突破，凸现于新动能与既有生产关系及社会结构的冲突和弥合，成就于面向经济社会全领域的能量释放，是一个复杂的系统过程。因此，对于新质生产力内涵的理解，可以从新动能、新治理、新增量三个维度展开。

新动能

回顾人类历史，生产力的每一次巨大跃升都以一系列开创性的重大科学发现，以及由此引发的集成式技术突破为先导。16—17世纪，以哥白尼的"日心说"、牛顿的经典力学为代表的科学革命拉开帷幕，催生了以蒸汽机广泛使用为标志的第一

* 作者为同济大学经济与管理学院教授、上海市习近平新时代中国特色社会主义思想研究中心研究员、上海市产业创新生态系统研究中心执行主任。

次工业革命，机械力全面取代生物力，生产效率得到极大程度的提升；19世纪，达尔文的进化论、麦克斯韦的电磁场理论、施莱登和施旺的细胞学说、迈尔的能量守恒定律将科学革命再次推向高潮，引发了以电力发明和使用、内燃机大范围应用为标志的第二次工业革命，大规模集中式的生产成为可能；20世纪至今，以爱因斯坦的相对论和量子力学为代表的科学革命掀起了以电子计算机、航天技术、生物科技为标志的第三次工业革命，人类社会的生产力再次加速。

习近平总书记指出，新一轮科技革命和产业变革正在孕育兴起，一些重要科学问题和关键核心技术已经呈现出革命性突破的先兆。近年来，新一代信息技术、先进制造技术、新材料技术、新能源技术、生物技术等呈现快速密集突破趋势，人工智能、物联网、大数据、区块链、量子计算等构成的新技术体系正成为催动新一轮产业变革的核心动力引擎。显然，新质生产力的"新"与科技创新的领域和方向密切相关。

一个领域能否形成新质生产力，关键取决于"源"与"策"两个方面。一是建源成效。主要指在"四个面向"的特定领域，是否形成了包括高水平大学和研究机构、高等级研究平台、战略科学家、科技人才和高技能人才、金融资本等在内的必要物质技术基础。二是施策水平。主要表现在是否能够依托已有条件和能力，快速形成科技创新的体系化能力，引领战略性新兴产业发展，发挥其在经济增长中的中流砥柱作用，并未雨绸缪，提前做好未来产业布局。

新治理

历史经验表明，在新动能的形成和发展过程中，既有的生产关系将陆续显露出诸多不适应的症状，从微观层面的工厂布局、制造流程、生产组织和管理体系，到中观层面的公司治理、区域协同和产业生态，再到宏观层面的发展理念、制度供给和资源配置，都需要重新建构。因此，新质生产力的"新"不仅指向科学新发现、技术新发明和产业新方向，还关乎发展新理念。

新质生产力要从"小荷才露尖尖角"，与日俱进发展成为推动经济社会发展的磅礴动力，必须破除传统思想藩篱和制度屏障，对生产方式和社会关系进行彻底再造。对于新质生产力的认识必须深度嵌入新型生产关系，做好相关的趋势研判和态势分析，不断深化对于科技和产业发展规律的认识。

一要跟踪基础前沿领域的科学研究动态，捕捉蕴含巨大战略价值，可能引致产业变革的"弱信号"，积极开展前瞻性布局；二要密切关注科学研究范式、科技创新模式的迭代演进，及时调整建源和施策的方向和重点；三要深刻认识科技创新要素的内涵演化，以及开发利用方式的新动向，抢占新型要素开发利用的制高点；四要把握好知识生产、传播、转化的新规律，因势而谋，顺势而为，构建与新质生产力相匹配的知识供给体系。

新增量

毋庸置疑，新质生产力的"质"指的是高质量发展。当新型生产关系逐步建构起来，新动能与新的生产组织关系和社会结构趋于适配，互动越来越平稳顺畅，区域和产业叠加的科技创新"核爆点"陆续被激发，新质生产力推动高质量发展的增量效应将充分显现出来。

新质生产力创造的新增量既指向数量增长，更强调质量提升，具体体现在三个方面：一是通过数字化、智能化、绿色化的生产方式，全面提升全要素生产率和资源节约率，提高社会生产和经济增长的质量和效益，实现人与自然的和谐统一；二是缓解发展中的不平衡、不充分问题，满足人民日益增长的美好生活需要，提升其获得感、幸福感和安全感，推动物质文明与精神文明协调发展；三是深化国际科技和产业合作，运筹全球高等级创新要素和生产要素，推动创新链和产业链高效耦合，面向重大疾病防治、重大灾害治理、重大气候变化等各国共同关切的问题，创造增量市场，稳定全球产业链和供应链，增进人类共同福祉。

从系统视角观察，"新"与"质"辩证统一于新质生产力的形成过程，涉及输入、过程及输出，分别对应新动能、新治理和新增量，共同指向高质量发展。只要坚持把科技创新摆在国家发展全局的核心位置，持续增强科技创新治理效能，就一定可以将科技创新产生的新动能，通过科学有效的治理，不断转化为高质量发展的新增量。

（2023-09-14）

中央经济工作会议再提
"新质生产力"，传递出什么信号？

沈开艳　何　畅[*]

中央经济工作会议 2023 年 12 月 11 日至 12 日在北京举行。会议强调，2024 年要围绕推动高质量发展，突出重点，把握关键，扎实做好经济工作，并提出九个方面的工作要求。在"以科技创新引领现代化产业体系建设"方面，会议提出要以科技创新推动产业创新，特别是以颠覆性技术和前沿技术催生新产业、新模式、新动能，发展新质生产力。

"新质生产力"是习近平总书记提出的原创性新概念。2023年，他在黑龙江考察期间和主持召开新时代推动东北全面振兴座谈会时，强调"加快形成新质生产力"。作为习近平经济思想的重要组成部分，新质生产力凝聚了我们党统领经济社会发展的深邃理论洞见和丰富实践经验。从"加快形成"到"发展"，体现了中央对于新质生产力的高度重视和深远谋划。我们要用系统思维全面理解把握这一新概念蕴含的深邃逻辑，在不同层面对应采取针对性举措，合力助推新质生产力发展壮大。

---

　*　作者分别为上海社科院经济研究所所长、研究员；上海社科院经济研究所硕士研究生。

让创新成果源源不断涌现，为新质生产力发展赢取主动权

发展新质生产力关键在创新，战略性新兴产业和未来产业都要依靠科技创新在其中发挥主导作用。打造良好创新生态，培育创新基因，提升科技创新成果转化的能力和效率，更好推动科技创新和经济发展相结合。走以企业为主体、以市场为导向的科技创新之路，推动产业链、资金链、人才链、创新链深度融合，从而推动科技创新和生产力水平稳步提升。

具体而言，发挥科技创新在新质生产力发展中的关键作用，有以下三个主要方向：

一是强化人才队伍支撑，站在更高起点实施科教兴国和人才强国战略。教育和人才是推动科技创新、促进生产力跃迁的基础支撑。要针对未来产业和战略性新兴产业发展趋势，探索多元化的人才培养模式。同时，要适应利用数字化、智能化手段，建设全民终身学习的教育大国和学习强国，为新质生产力提供强有力的"新质人才"支撑。

二是不断完善创新体系建设，对各类创新主体进行整合优化，集中跨学科、跨领域、跨机构、跨部门的优势力量，建设一批能够支撑高水平创新的基础设施和协同创新平台，促进要素融合，实现资源共享，提升创新效率。

三是持续加大知识产权保护力度，加强对新质生产力知识产权的保护。现如今，我们步入高质量发展阶段，越来越多的具有新质生产力发展潜力的产业已经达到或正在接近世界先进水平，这得益于我们一直以来的自主创新。因此，知识产权的保护对于这些新质生产力的具象化因素显得尤为关键。未来，

要从保护鼓励创新的角度规划与新质生产力发展相适应的知识产权战略，在全社会范围内营造尊重创新、保护创新的良好氛围。

制定科学有效的产业政策，领航新质生产力发展

产业是发展新质生产力的基础，制定与新质生产力相适应的产业政策能够引领其发展方向。过去产业发展主要依靠天然的人口红利，通过大力发展加工组装和终端品制造产业模式融入既有全球产业链分工格局，一定程度上忽视了对产业创新的自主培育，在一些核心产业领域存在技术短板，面临"卡脖子"问题。

当前，国际形势不确定性加大，要求我们通过产业政策由侧重产业的规模扩张向推动产业的创新驱动优化更新，把诸多优势整合转化为发展战略性新兴产业和未来产业的市场优势，在全球价值链分工中占据优势地位，掌握竞争主动权。

一方面，要更加聚焦战略性新兴产业和未来产业的发展壮大，在政策上更大力度支持电子信息、高端装备、新能源、智能汽车、新材料、节能环保等战略性新兴产业的快速发展，适度超前谋划类脑智能、量子信息、基因技术、未来网络、深海空天开发、氢能与储能等未来产业的发展布局，树立正确导向，构建面向未来的现代产业体系，为新质生产力发展领航。

另一方面，政策制定要尊重客观规律、坚持因地制宜和结果导向，减少过度和不科学的政策干预。适时、适度、适宜地发挥政策的引导作用，避免出台不合时宜、不符合实际的政策对产业发展起相反作用。

加快培育现代化产业集群，在集聚中促进新质生产力规模化发展

新质生产力的发展需要集聚，现代化产业体系要在合理的空间载体上实现集群发展，特别考验各类生产要素的高效有序布局。

要进一步发挥超大规模市场和产业体系完备的天然优势，用好用足不同地区各自的发展比较优势和自然资源禀赋，这不仅能够给新质生产力的发展带来"1 + 1 > 2"的规模效应，同时也有利于解决现阶段我们发展不平衡不充分的问题。

一方面，优化国土空间发展格局。加强党中央的集中统一领导，优化重大生产力布局，合理配置创新资源，实现不同功能空间的优势互补。

具体而言，东部沿海地区要更加注重原始创新能力和集成创新能力的进一步提升；东北地区依托其特有的工业基础，对区域内部传统的国有企业经营管理体制进行分类改革，围绕装备制造业进行技术创新，促进高新技术同传统制造业的结合，提升优势产业自主创新能力；中西部地区要走差异化发展道路，结合本区域特色吸收和应用先进技术，围绕重点领域进行创新。

另一方面，加强协同创新网络构建。在优化国土空间布局的基础上，只有通过构建协同创新网络，才能避免各地区"闭门造车"式发展新质生产力。要结合国家区域发展战略，尝试在大区板块、城市群、省际及省域内部多个层次构建起协同创新网络，以此汇聚区域之间的创新发展合力。

与此同时，要避免简单的生产要素堆叠。切忌以生产要素

的机械化、同质化堆叠来培育产业集群。要结合国家战略需求导向和创新主体意愿动力，"顺水推舟"搭建创新集聚平台进行原创性、引领性科技攻关。

持续优化营商环境，为新质生产力可持续发展保驾护航

党的十九届五中全会提出"强化企业创新主体地位，促进各类创新要素向企业集聚"，并首次将企业定位为创新主体。中央全面深化改革委员会第二十二次会议又进一步明确"发挥企业在科技创新中的主体作用"。党的二十大强调指出，"强化企业科技创新主体地位，发挥科技型骨干企业引领支撑作用，营造有利于科技型中小微企业成长的良好环境"。

要充分认识到，企业是最具活力的科技创新主体，是新质生产力发展的最重要参与者和最有力推动者，营商环境改善对新质生产力发展的可持续性具有重要意义。保护企业、爱护企业家就是在保护新质生产力的发展潜能，维护企业合法权益、关注企业家合理诉求就是在为新质生产力发展壮大护航。政府既要增强"店小二"服务意识，不断改善制度法规等营商软环境，又要重视配套机制，提升城市宜居水平硬环境。

具体而言，打造与新质生产力相适应的高质量营商环境有如下几个主要方向：

一是加强对企业科技创新行为的政策支持，用"有形的手"为企业提供更多"无形的支持"。要在资金、金融、税收等各方面出台激励企业创新的制度，重视各项政策之间的协同效应，以更大的力度支持企业。

二是更加重视中小微企业的生存发展，很多中小微企业是

全球产业链的重要组成部分，对我们发展新质生产力具有无可替代的积极作用。

三是引导社会各方主体以更大力度支持企业科技创新。企业创新行为离不开高校、科研院所、创新服务机构等方面的支持协作。政府要从更高层面和更广维度引导科技创新相关方支持企业，在更深层次上培育真正适合新质生产力发展全过程的创新机制。

归根结底，培育发展新质生产力是一项系统工程，需要各方主体之间协同高效配合。要充分发挥市场主体作用和政府服务功能，让新质生产力成为全社会共同的目标导向和价值追求，让社会各界共同凝聚而成的强大合力成为新时代培育新质生产力的最宝贵优势。

（2023-12-14）

新质生产力到底"新"在哪里?

刘　泾

2023 年 9 月，习近平总书记在黑龙江考察时提出了一个令人耳目一新的概念——新质生产力。2024 年 1 月 31 日，中共中央政治局就扎实推进高质量发展进行第十一次集体学习，习近平总书记对新质生产力的定义、内涵等作了深刻系统地阐述。新质生产力的提出，顺应了时代发展的新需求，为新时代全面推进中国经济高质量发展提供了科学的理论指导与实践指南。作为当代马克思主义理论的重大创新，新质生产力到底"新"在哪里?

构成生产力的要素发生新变化

"生产力"是马克思主义政治经济学的重要概念，是人类改造自然和征服自然的能力，是推动社会进步的最活跃、最革命的要素。生产力发展是衡量社会发展的带有根本性的标准。对于一个国家、一个地区而言，没有生产力水平的提升，也就没有自身的发展与进步。

作者为中共上海市委党校教授，上海市习近平新时代中国特色社会主义思想研究中心研究员。

从字面上看，新质生产力中的"新质"就是一种"新的质态、新的形式"。这种"新的质态、新的形式"的生产力是相对于传统生产力而言的，是社会生产力经过量的不断积累发展到一定阶段产生质变的结果。传统生产力理论注重生产要素中的劳动力、土地和资本的作用，但在当前全球科技与信息化浪潮中，中国的劳动力成本与其他新兴经济体相比已不具有明显优势。特别是面对西方发达国家的贸易保护主义和逆全球化，依赖传统生产力和常规资源要素投入的发展已经不可持续，传统生产力很难为中国高质量发展提供新的动能。正是在这种背景下，党的十九届四中全会明确提出"健全劳动、资本、土地、知识、技术、管理、数据等生产要素由市场评价贡献、按贡献决定报酬的机制"。知识、技术、数据等新类型、新种类要素被纳入当前经济发展的要素范围，这是党中央准确把握经济发展新趋势，依据中国高质量发展阶段生产力的发展水平，对生产要素范围进行的与时俱进的拓展。

由此可见，新质生产力是在传统生产力发展到一定水平，因生产力构成要素的质的提升而呈现的一种更为先进的生产力形态。新质生产力"新"就"新"在是对传统生产力的一次整体性的升级与跃迁。

催生了新的产业形态

产业是经济之本，是生产力变革的重要载体和具体表现。在新的产业技术和新的社会需求背景下，新质生产力能够源源不断地培养新产业、形成新模式、造就新业态。习近平总书记在党的二十大报告中明确指出，要推动战略性新兴产业融合集群发展，构建新一代信息技术、人工智能、生物技术、新能源、新材料、高端装备、绿色环保等一批新的增长引擎。这是从新质生产力催生新产业形态的视角出发，对经济高质量发展作出的一项重大部署。

当前，新产业、新业态主要包括高端芯片、人工智能、世界一流机器人技术、5G和6G移动通信技术和设备等具有较高科技含量的产业。这些逐步发展起来的战略性新兴产业和未来产业，可被视为"新质生产力"的主要表现形态。新兴产业的快速发展，既能形成新产业高端发展产业链，不断提升新产业在整个产业体系中的主导作用和生产效率，也能促进传统产业改造升级的合力，从整体上提升生产效率。例如，电子商务、移动支付、共享经济、物联网等产业的兴起，既是新质生产力形成和发展的原因，也是必然结果。它们将传统产业与信息技术融合，通过数字化手段提高生产效率、优化产品和服务质量，推动产业转型升级。

由此可见，新质生产力"新"就"新"在能够积极培育战略性新兴产业，通过开辟新领域、发挥新优势、创造新模式，实现产业的结构转型升级，从而更有力地助推中国经济高质量发展。

科技创新是新的发展动能

新质生产力的来源与动能是科技创新。从历史发展进程来看，科学技术创新一直推动着经济的发展，是人类财富增长的不竭源泉和生产力发展的巨大动力。马克思多次强调科技生产力发展对生产、生活和增进人类福祉方面的巨大作用，并以此为基础形成内涵丰富的科技生产力理论。

在马克思看来，科学技术是一种在历史上起推动作用的、革命的力量。社会主义的根本任务就是解放和发展社会生产力，新质生产力就是代表新科技革命发展趋势的高质量生产力。随着新一轮科技革命和产业变革的兴起和演进，新一代信息技术的加速突破应用，驱动生产力向更高阶段演化。其演化的重要特征就是由资本驱动的经济增长路径转向创新驱动路径，这种变革演化正在重新构建全球创新版图，重新构建全球经济格局。

进入新发展阶段，新质生产力的"新"和"质"都需要摆脱传统增长路径，以科技创新为主要动力源和助推器。科技创新也必然成为新发展阶段的核心要素，成为生产率水平跃升和经济活动主体获得竞争优势的核心力量。这就要求我们必须加强科技创新，特别是原创性、颠覆性科技创新，不断突破"卡脖子"的关键核心技术，打造更加丰硕的原创性、颠覆性科技创新成果，以高水平科技自立自强为发展新质生产力提供源源不竭的新动能。

新时代孕育新思想，新理论引领新实践。我们要深入学习领会习近平总书记关于新质生产力的重要论述，认认真真抓好贯彻落实，以新质生产力更好助推我国经济社会高质量发展。

（2024-02-07）

从这本小册子，读懂"新质生产力"的理论根源

周　晔[*]

2023 年 9 月，习近平总书记在黑龙江考察调研时首提"新质生产力"。2024 年 1 月 31 日，在主持中共中央政治局第十一次集体学习时，习近平总书记对"新质生产力"进一步作了系统论述。

"生产力"是马克思主义政治经济学的重要概念，也是打开社会发展进步规律"密室之门"的一把钥匙。马克思、恩格斯正是在《共产党宣言》（以下简称《宣言》）中，宣告了社会生产力是推动人类历史前进的根本动力，从而与他们之前的"旧生产力理论"划清了界限，《宣言》也由此成为全世界无产者共同的政治纲领，成为马克思主义诞生的标志。习近平总书记多次强调，中国共产党是《共产党宣言》精神的忠实传人。因此，从《宣言》中读懂新质生产力的理论根源，对于今天深刻认识和把握新质生产力具有重要意义。

第一，马克思、恩格斯的生产力理论在《宣言》中具有根

---

* 作者为复旦大学机关党委常务副书记兼《共产党宣言》展示馆党员志愿服务队指导教师。

基地位。

马克思和恩格斯在《宣言》中，以全新的唯物史观系统阐明了人类社会历史发展的规律，主要表现为生产力与生产关系、经济基础与上层建筑间的矛盾运动，正是这对矛盾驱动着人类社会的变迁。《宣言》中这一新的世界观方法论，构成马克思主义最重要的理论基石。

1883 年，恩格斯在马克思墓前说："正像达尔文发现有机界的发展规律一样，马克思发现了人类历史的发展规律，即历来为繁芜丛杂的意识形态所掩盖着的一个简单事实：人们首先必须吃、喝、住、穿，然后才能从事政治、科学、艺术、宗教等等；所以，直接的物质的生活资料的生产，因而一个民族或一个时代的一定的经济发展阶段，便构成基础，人们的国家制度、法的观点、艺术以至宗教观念，就是从这个基础上发展起来的，因而，也必须由这个基础来解释，而不是像过去那样做得相反。"基于对上述规律的认识，《宣言》对马恩所处时代的资本主义生产方式作了鞭辟入里的剖析，深刻揭示了资本主义的内在矛盾，严密论证了资本主义必然灭亡、共产主义必然胜利，开创性地回答了共产党的性质、宗旨和基本纲领、基本策略等，为科学社会主义和马克思主义政党学说等奠定了理论基础。可以说，马克思、恩格斯关于生产力的论述构成了《宣言》叙事的主线之一。

第二，《宣言》为"新质生产力"的提出提供了重要的思想根源。

《宣言》虽未明确提出"新质生产力"这一概念，但对马克思主义政党的先进性作了深入阐述。正因为这一先进性，因此在实践方面，共产党是最坚决的、始终起推动作用，对生产力"新质"属性的把握和认识具有实践自觉；在理论方面，共产党了解无产阶级运动的条件、进程和一般结果，在当前运动中同时代表运动的未来，从而对提出"新质生产力"具有理论自觉。《宣言》旗帜鲜明地要求共产党人利用自己的政治统治，尽可能快地增加生产力的总量，并就如何发展生产力提出了具体举措。尽管有些具体内容今天已经不适用了，但其中蕴含的精神仍然具有积极意义。《宣言》还对资本主义生产跨越国界、不断开拓世界市场进行了深刻分析，科学预见了物质生产和精神文化生产的世界普遍性趋势，这些都为习近平总书记关于"新质生产力"的重要论述提供了宝贵的思想根源。

第三，"新质生产力"重要论述开辟了马克思主义生产力理论的新境界。

毛泽东同志说，《共产党宣言》他看了不下一百遍，他根据马克思主义生产力理论的基本原理，在新民主主义时期创造性地提出了新民主主义经济纲领，在探索社会主义建设道路过程中对发展当时的社会生产力提出了独创性的观点，如提出社会主义社会基本矛盾理论等。邓小平同志说，"我的入门老师是《共产党宣言》"，他在改革开放的伟大实践中提出了中国马克思主义生产力理论的许多重要成果，比如关于社会主义本质的理论、关于社会主义初级阶段基本经济制度的理论等。习近平总书记说，"如果心里觉得不踏实，就去钻研经典著作，《共产党宣言》多看几遍"。新时代，站在强国建设、民族复兴的新的历史起点上，习近平同志坚持并发展了马克思主义生产力理论，以"新质生产力"重要论述实现了这一理论的与时俱进。

习近平总书记指出，新质生产力是创新起主导作用，摆脱传统经济增长方式、生产力发展路径，具有高科技、高效能、高质量特征，符合新发展理念的先进生产力质态；新质生产力以劳动者、劳动资料、劳动对象及其优化组合的跃升为基本内涵，以全要素生产率大幅提升为核心标志，特点是创新，关键在质优，本质是先进生产力；发展新质生产力，必须进一步全面深化改革，形成与之相适应的新型生产关系；要按照发展新质生产力要求，畅通教育、科技、人才的良性循环，完善人才培养、引进、使用、合理流动的工作机制……这些论断处处闪耀着马克思主义生产力理论的真理光芒、贯穿着《宣言》揭示的唯物史观"活的灵魂"，谱写了新时代马克思主义生产力理论的新篇章。

（2024-02-21）

为什么说"发展新质生产力"也是改革命题？

唐珏岚[*]

2024 年 3 月 5 日，国务院总理李强在政府工作报告中提出 2024 年政府工作十大任务，排在首位的是"大力推进现代化产业体系建设，加快发展新质生产力"。发展新质生产力是推动我国经济高质量发展的内在要求和重要着力点，对于以中国式现代化全面推进中华民族伟大复兴意义重大。新质生产力的发展，必然会出现与之相适应的新的生产关系，形成一种新的生产方式，进而带动整个经济实践和经济理论的重大创新。

生产关系必须与生产力发展要求相适应

生产力，即生产能力及其要素的发展。劳动者、生产资料、劳动对象是生产力构成的三大要素。其中劳动者是生产力中的人的因素，生产资料和劳动对象则是物的因素。马克思指出："为了进行生产，人们相互之间便发生一定的联系和关系；只有在这些社会联系和社会关系的范围内，才会有他们对自然

* 作者为中共上海市委党校经济学部主任、教授，上海市习近平新时代中国特色社会主义思想研究中心特聘研究员。

界的影响,才会有生产。"这种人们在生产过程中所形成的人与人之间的关系就是生产关系,具体包括生产资料所有制的形式、人们在生产中的地位和相互关系,以及产品的分配、交换和消费关系等。

生产力是最活跃、最革命的因素,是社会发展的最终决定力量,而生产力中最活跃、最革命的因素则是科学技术。无论是 18 世纪 60 年代以蒸汽机广泛应用为标志的第一次科技革命,还是 19 世纪中后期以电力技术、内燃机技术广泛应用为标志的第二次科技革命,又或是 20 世纪下半叶以半导体、计算机等技术的突破和广泛应用为标志的第三次科技革命,以及如今正经历的以新一代信息技术、生物技术、新材料技术、新能源技术为代表的第四次科技革命,纵观人类发展史上的每一次社会生产力的巨大进步,都是由科技革命的重大突破所引发的。

相对于生产力的不断发展变化,生产关系则具有相对稳定性。活跃的生产力必然会与相对稳定的生产关系发生矛盾。生产力与生产关系的矛盾,被视为人类社会基本矛盾中最根本的矛盾。在二者的矛盾运动中,一方面,生产力决定生产关系,生产力的状况决定生产关系的性质,生产力的发展决定生产关系的变革;另一方面,生产关系对生产力具有反作用,即当生产关系适应生产力发展要求时,会对生产力的发展起推动作用,而当生产关系不适应生产力发展要求时,则会对生产力发展起阻碍作用。

新质生产力呼唤新型生产关系

生产力发展需要与之相适应的生产关系。作为当前我国生产力发展的目标要求，新质生产力发展自然需要与之相适应的生产关系。

新质生产力发展离不开"新"的劳动者。劳动者是物质要素的创造者和使用者，是生产力中起主导作用的要素，物的要素只有被人掌握时才能形成现实的生产力。因此，只有不断提升劳动者素质，才能为新质生产力发展提供基础性、战略性支撑。

新质生产力发展需要"新"的生产资料。在数字化智能化时代，生产资料最大的变化就是数据要素的出现，数据不仅自身创造价值，还能赋能其他生产要素进而创造更大价值。

新质生产力发展有赖于"新"的劳动对象，不仅包括物质形态的劳动对象，还包括数据资源等劳动对象，更加丰富的劳动对象将释放出惊人的生产力效能。

生产力要素的新变化呼唤新型生产关系。这一新型生产关系的构建，既包括变革现有生产关系中不适应新质生产力发展要求的部分，也包括以新型生产关系构建推动未来生产力的进步。

深化改革形成新型生产关系

习近平总书记强调，发展新质生产力，必须进一步全面深化改革，形成与之相适应的新型生产关系。基于新质生产力发展的要求，我们要以改革不符合新质生产力发展要求的生产关系为着力点，通过改革培育适应新质生产力的新型生产关系，激发高质量发展的新动能。从这一意义上来说，发展新质生产力，既是发展命题，也是改革命题。

一是坚持和完善社会主义基本经济制度，持续增强经营主体活力。经营主体是最活跃的创新力量，是新质生产力发展的最主要的参与者和技术进步最有力的推动者，其内生动力和创新活力代表着一国生产力进步的动力。社会主义基本经济制度是我国经济关系在制度上的反映，是持续增强经营主体活力的制度保障。公有制为主体、多种所有制经济共同发展，按劳分配为主体、多种分配方式并存，社会主义市场经济体制等社会主义基本经济制度，既体现了社会主义制度优越性，又同我国社会主义初级阶段社会生产力发展水平相适应，要不断坚持和发展。在所有制方面，不断完善落实"两个毫不动摇"的体制机制，为推动国有资本和国有企业做强做优做大、促进民营企业发展壮大提供制度保障。在分配方式方面，坚持按劳分配为主体、多种分配方式并存，提倡多劳多得、鼓励勤劳致富、促进机会公平，健全劳动、资本、土地、知识、技术、管理、数据等生产要素由市场评价贡献、按贡献决定报酬的机制，为调动各类生产要素参与生产的积极性、主动性、创造性提供制度保障。在经济体制方面，构建高水平社会主义市场经济体制，充分发挥市场在资源配置中的决定性作用，更好发挥政府作用，为发展新质生产力提供经济体制支撑。

二是加快全国统一大市场建设，打通束缚新质生产力发展的堵点卡点。不断深化改革，构建统一的基础制度规则、统一联通的市场设施、统一的要素资源市场、统一的商品服务市场、统一的市场监管以及破除各种形式的地方保护和市场分割，建设高效规范、公平竞争、充分开放的大市场，加快形成生产要素从低质低效领域向优质高效领域的流动机制，确保新质生产力发展所需生产要素的顺畅流动和高效配置。

三是健全要素参与收入分配机制，增强新质生产力发展的原动力。发展新质生产力，需要更好体现知识、技术、人才的市场价值，以此激发劳动、资本、土地、知识、技术、管理、数据等各类生产要素活力，提高要素质量和配置效率，引导各类优质要素协同向先进生产力集聚，加快推动我国经济实现质量变革、效率变革、动力变革。

（2024-03-06）

加快发展新质生产力，有何重要战略意义？

石建勋[*]

新质生产力"新"在哪里？

加快发展新质生产力，首先要弄清楚什么是新质生产力。2024 年 1 月 31 日，习近平总书记在主持中共中央政治局第十一次集体学习时指出，"概括地说，新质生产力是创新起主导作用，摆脱传统经济增长方式、生产力发展路径，具有高科技、高效能、高质量特征，符合新发展理念的先进生产力质态"。这个定义看似简单，实则内涵丰富。与传统生产力相比，新质生产力是代表新技术、创造新价值、适应新产业、重构新动能的先进生产力，代表新型高质量生产力。

在这里，我想重点解读一下新质生产力的基本内涵，即"劳动者、劳动资料、劳动对象及其优化组合的跃升"。如何理解这句话？

在我看来，新质生产力的劳动者是数智化劳动者，既包括具有知识快速迭代能力、能充分利用新技术、能快速适应数智

* 作者为同济大学长聘特聘教授、同济大学国家创新发展研究院副院长、首席专家、同济大学财经研究所所长、国家社科基金决策咨询点首席专家。

化机器设备的新型人才，也包括人工智能、数字孪生人和人机交互型机器人。

新质生产力中的劳动资料是实现了数智化升级的高端精密仪器和智能设备。人类劳动形式正在从常规劳动转向创新劳动，从实物性劳动转向信息性劳动，劳动资料也由传统机械设备、仪器转向数智化升级的高端精密仪器和智能设备。随着大模型、人工智能等数字技术的加快发展，智能传感器、自动装配线、自动化仓储系统、3D打印机、虚拟现实（VR）和增强现实（AR）设备等成为新型劳动资料，促进了工业化、信息化交互推进，加快生产的线上线下场景有机结合、数字经济与实体经济有机融合。新质生产力中的劳动资料克服了传统机械化生产中的被动性和重复性，呈现出鲜明的抽象性、交互性、柔性和智能性。

新质生产力中的劳动对象既包括新能源和新材料等物质形态对象，也包含海量数据和信息等非物质形态对象。一方面，新质生产力的劳动对象涉及氢能、核能、地热能等新能源以及碳纳米材料、仿生材料、光电子材料等新材料，这些新能源、新材料能克服传统能源、材料储量不足、不可再生、对环境破坏严重的缺点，有效降低环境负担，并在开发过程中创造新的就业岗位和激发新的经济增长动能。另一方面，新质生产力的劳动对象还包含大量的信息和数据，这些资源不同于自然资源，越使用、越共享，其价值就越大，且信息和数据不受空间和时间限制，可以更灵活地进行劳动生产、服务社会大众，极大地提升了生产效率。

将上述三者进行优化组合，就会产生"1 + 1 + 1 > 3"跃升效应，从而使生产力产生质的飞跃，释放出前所未有的强大动能。

从国内外形势深刻认识发展新质生产力的重要性

从世界范围看，虽然目前其他国家尚未从理论上定义和阐释新质生产力，但从世界生产力发展的实践来看，主要国家都是在朝着加快形成新质生产力的方向发力，在新一轮科技革命和全球产业链重构的竞争中，抓住关键核心技术，重点发展人工智能、先进制造、量子信息科学和5G通信等新技术，积极布局智能机器人、数字经济、新能源等新兴产业，通过新技术驱动产业变革，以促进本国的新质生产力发展。

2021年3月，美国发布《提升美国制造业竞争力和生产力》报告，表示将进一步扩充现有的"制造业扩展伙伴关系计划"。2022年，美国发布《先进制造业国家战略》，确立了开发制造业前沿技术、扩大先进制造业劳动者队伍和全面提升供应链韧性三大目标。2023年10月，美国开始实施"区域技术和创新中心计划"，重点扶持美国各地的创新产业发展，包括半导体、矿产、能源、医疗和量子计算等领域。德国制定了一系列具有系统性和战略性的现代产业政策。2010年，德国推出了《德国2020高科技战略》，把气候和能源、健康和食品、交通工具、安全、通信五大领域作为"未来项目"给予重点支持。2011年，德国政府提出"工业4.0"战略，强调产业链数字化以及价值链横向与纵向的融合，将大量资源投入生物、可再生能源和通信技术等新兴行业。2019年，德国又发布了《国家工业战略2030》，规划了德国未来十年的产业发展动向，重点支持云计算、数字教育和智能服务等行业，以推动数字经济的繁荣发展。日本自2016年起致力于推进"超智能社会5.0"计划，先后发布《科学技术创新综合战略2016》《日本制造业白皮书》等战略计划。2020 年，日本政府发布《生产力白皮书》。2021 年，日本重新修订了《产业竞争力强化法》，重视企业的创新潜力和产业竞争力。2023 年 2 月，日本提出"新资本主义"构想，重点扶持对象主要是半导体、量子科学、人工智能、网络通信、生物、宇宙及海洋等七大领域，意在以"破坏式创新"为基本理念支撑，整体提升日本的科技研发能力和实力。

由此可见，加快发展新质生产力，本质上就是瞄准新一轮科技革命和产业变革的突破方向，布局新领域、开辟新赛道，依靠原创性、前沿性、颠覆性新技术创造新产业，进而占据全球产业链和生产力格局的高端位置。

近年来，我国经济发展面临复杂的内外部环境，无论是在推动经济回升向好，还是在未来发展和国际竞争中赢得战略主动，构建新发展格局，实现高质量发展，关键都在于科技创新，重点在于产业升级，根本在于生产力水平的全面提升。在此情形下，中央提出加快发展新质生产力可谓正当其时。

加快发展新质生产力是推动我国产业转型升级，全面构建现代化产业体系的根本途径。新质生产力不仅能够推动传统产业向智能化、绿色化转型，还能催生新兴产业形态，加快战略性新兴产业和未来产业的发展。一方面，通过引入智能制造、数字孪生、万物互联等先进理念和关键技术，促进工业化、数字化、智能化深度融合，使得传统产业能够不断创造新业态、新模式，提升产业效率，建构新的竞争优势；另一方面，新质生产力涵盖高新技术、先进制造和数字化技术等领域的发展，这些领域颠覆性技术不断涌现，呈现多点开花的局面，有助于我国开辟高质量发展的新领域和新赛道，重新建构产业发展的新动能、新优势。发展新质生产力的过程，就是推进传统产业与新兴产业协调发展的过程，也是加快实体经济与虚拟经济深度融合的过程，更是产业升级和转型发展的过程。因此，加快发展新质生产力将加快我国产业转型升级步伐，实现传统产业、新兴产业和未来产业的协调融合和繁荣发展，从而全面构建现代化产业体系。

加快形成新质生产力是提升我国资源配置效率，推进经济社会可持续发展的必由之路。加快发展新质生产力，意味着我国要摆脱对传统增长路径的依赖，依靠科技创新驱动产业变革和经济发展，走出一条绿色、协调、可持续的发展道路；意味着科技驱动产业变革和经济发展模式的转型升级，这不仅是技术上的改进和变革，更是推动整个经济结构和社会运行方式的革新，即从传统的资源密集型发展模式向智能化、知识密集型、高附加值的发展模式转变。加快发展新质生产力，意味着资源的高效利用，通过科技创新，开发数字化、智能化、生态友好型技术，引领新的生产和生活方式，将更多资源配置到战略性新兴产业和未来产业中，从而提升资源配置效率；意味着经济社会的可持续发展，通过推广新材料、新能源和低碳绿色新技术的使用，降低单位产值能源消耗量，减少废气、废水和固体污染物的排放，通过引入绿色环保技术、循环生产流程等，加速我国经济发展方式的绿色转型，朝着更加低碳、绿色、可持续的方向迈进，使得经济增长不再以牺牲环境为代价，而是更多地依赖于技术进步和资源的有效利用，进而推动我国经济社会的可持续发展。

加快发展新质生产力是实现高质量发展，推进中国式现代化建设的战略选择。新质生产力是推进中国式现代化建设的物质基础和根本动力。加快形成新质生产力，意味着将前沿科学技术用于传统生产设备的智能化数字化升级，用于传统生产工艺流程的改进和提升，实现物质生产的现代化；意味着新能源汽车、智慧车联网、无人驾驶技术的大规模普及，实现交通运输的低碳化和现代化；意味着智慧物流、数据云存储、无线网络接入等的全面覆盖，实现基础设施的现代化；意味着以新能源、新材料和新技术的广泛应用，降低能耗、节约资源、减轻环境污染，实现生态文明建设的现代化；意味着以先进生产技术和数智化设备使劳动者从机械重复性劳作中解放出来，有助于实现人的现代化；意味着大力推进数字政务、智慧城市建设，保障社会安全，提升社会治理水平，实现社会文明的现代化。

如何加快培育和发展新质生产力

发展新质生产力，一方面需要进一步从理论上进行总结、概括，以更好地指导实践；另一方面也不能坐等，而是要"起而行之"，统筹规划、全方位系统推进。具体来说，重点要推进以下几个方面的工作：

第一，进一步全面深化改革，加快形成与新质生产力相适应的新型生产关系。要深化经济体制、科技体制等改革，构建与新质生产力相适应的体制和机制，建立高标准市场体系，创新生产要素配置方式，进一步优化发展新质生产力的宏观环境，让各类先进优质生产要素能够向新质生产力领域顺畅流动。同时，要扩大高水平对外开放，积极促进世界各类先进新质生产力要素与中国新质生产力有机结合，主动参与世界竞争与产业链供应链重构，为发展新质生产力营造良好的国际合作环境。要加快完善科研管理体制机制，建立一套以发展新质生产力为核心的科技创新评价体系，加快科技成果向新质生产力转化的速度。要进一步完善与科技创新相关的法律法规，加大知识产权的保护力度，进一步细化对新质生产力的知识产权保护条例，加快完善知识产权交易市场，推动科技成果的快速转化和市场应用。

第二，为发展新质生产力培养新型数智人才。发展新质生产力需要拥有大量较高科技文化素质、具备综合运用各类前沿技术能力、熟练掌握各种新型生产工具的新型数智人才。必须推动教育、人才培养和创新链、产业链深度融合，完善人才培养、引进、使用、合理流动的工作机制。根据科技发展新趋势，优化研究型高等学校学科设置、人才培养模式，加快形成与新质生产力发展需求相适应的人才结构。重视职业教育在培养专业技能人才方面的优势，使职业教育尽快适应数字化、智能化发展趋势，不断提高新质生产力所需的职业技术人才培养质量。要进一步激发劳动、知识、技术、管理、资本和数据等各类生产要素活力，更好地体现知识、技术、创新、人才和经营管理的市场价值，充分调动各类人力资源要素参与和发展新质生产力的积极性和创造力。

第三，以科技创新推进新质生产力发展。科技创新能够催生新产业、新模式、新动能，是发展新质生产力的核心要素。加快发展新质生产力需要以前沿技术领域的颠覆式、突破式创新为前提，充分发挥我国社会主义制度能够集中力量办大事的优势，进行重大科技项目攻关，加快实现高水平科技自立自强，打好关键核心技术攻坚战，使原创性、颠覆性科技创新成果竞相涌现。推进产学研协同创新和融合发展，超前部署、全面开展前瞻性、先导性和探索性的前沿技术研究，大力支持产业应用研究，在重点产业和战略性新兴产业领域突破一批核心关键技术，形成一批具有自主知识产权和规模化应用前景的科技成果。积极引导创新要素向企业集聚，强化企业自主创新的意识和能力，强化科技创新对战略性新兴产业的驱动作用，推动更多科技成果转化为现实的新质生产力。

第四，加快培育发展数据要素市场。数据是新质生产力的新型要素之一，要充分重视数据要素在生产活动中的地位，建立规范的数据要素管理体系。从法律层面明确界定数据要素的产权，尽快设立全国性的数据确权登记平台，明确数据产权界定的实施办法；尽快制定数据要素的价值评价体系，明确数据要素的可信度、共享性和实用性等方面的指标，以便更精准地进行数据要素的评估和交易。加快完善数据要素市场，激发数据要素的创造和流通。加强数据开放共享，打破壁垒，使数据在流通中产生更大价值。持续监测和定期评估数据安全措施的有效性，并根据情况不断改进和加强数据安全策略。

第五，提升数字赋能新质生产力水平。加快形成新质生产力，需要紧跟全球数字化发展趋势，加快推动数字产业化和产业数字化转型升级，促进新质生产力的发展和提升。一方面，要加快数字产业化进程，抓住我国数字产业发展早、起步快的领先优势，推动数字技术创新成果的转化和扩散，进一步夯实大数据中心和数字基础设施建设，打造国际一流水平的数字产业集群。另一方面，要着力推动传统产业数字化转型升级。充分发挥数字技术应用的协同效应，促进数字技术与实体经济的深度融合，充分利用现代数字信息技术、先进互联网和人工智能技术对传统制造业进行全系统、全角度、全链条的改造，通过对研发设计、生产工艺、生产管理和销售服务等产业全链条、生产制造全过程的数字化和智能化改造，通过加快信息网络基础设施建设、搭建工业互联网平台和加强政策服务引导等系统工程，推进传统产业在决策、生产、运营环节上的数字化转型和智能化升级，有效降低成本，提高全要素生产效率，实现高质量增长。

第六，进一步夯实发展新质生产力的算力基础。算力是发展新质生产力的重要基础功能，只有全面提升算力水平，才能使大数据、人工智能等新技术顺利落地，才能使数据要素的价值得以充分发掘，才能使战略性新兴产业、未来产业得以快速发展。要加大芯片领域的资金投入和支持，推动芯片制造先进工艺和设计能力的提升，推进芯片设计和制造技术创新，推进超级计算机研究和推广应用，加快提升打造高质量算力的硬件基础。加强国际交流与合作，吸收算法和软件领域国际先进经验和技术，加快向量子计算、光计算、类脑计算等新型算力领域的探索，加大对算法和软件领域的知识产权保护力度，加快提升高质量算力的软件基础。注重优化算力布局，持续推进"东数西算"工程，推动算力产业生态化发展，拓展算力技术在各个行业的应用。

第七，增加发展新质生产力的绿色动能。新质生产力本身就是绿色生产力，必然要求加快生产力的绿色化转型，助力实现碳达峰碳中和，以绿色技术驱动绿色产业发展、壮大绿色经济规模，走资源节约、生态友好的发展道路。要加快构建需求导向、问题导向和市场导向的绿色技术创新体系，加快提升先进绿色低碳技术国际竞争力，进一步降低绿色技术研发推广成本，促进先进绿色技术推广应用。要大力发展绿色金融和碳交易市场，发展壮大节能环保、清洁生产、清洁能源产业，做强绿色制造业，发展绿色服务业，壮大绿色能源产业，发展绿色低碳产业和供应链，打造高效生态绿色产业集群和绿色生态产业区。倡导绿色消费和低碳生活理念，推进能源革命、消费革命和绿色低碳生产生活方式，构建清洁低碳、安全高效的能源体系，建设绿色、低碳、循环经济发展体系。

第八，全面优化支撑新质生产力发展的金融供给。加快发展新质生产力，需要充分发挥金融"供血"功能，为前沿领域技术研发、科技成果落地转化、新质生产要素合理配置、新产业新动能新模式的培育等提供灵活且充足的资金供给。需要加快健全和完善多层次资本市场，提供覆盖企业全生命周期的金融服务；进一步壮大风险投资市场，促进一批革命性、颠覆性技术领域初创企业发展壮大。需要充分发挥各级各类银行在支持企业科技创新和产业转型升级中的作用，鼓励银行机构积极开发创新信贷产品；进一步完善担保体系建设，提升政策性融资担保基金对企业科创贷款的担保力度，为科技创新贷款担保营造良好市场环境。

（2024-03-24）

新质生产力是一种"先进生产力质态",这该如何理解?

秦德君 *

加快发展新质生产力,是在世界经济、产业领域发生时代性变化这一新的历史条件下推动高质量发展、破解制约因素的新要求,也是对历史唯物主义生产力范畴的新补充。

生产力概念的提出

生产活动是人类首要的实践活动。生产力概念最早由英国古典经济学家亚当·斯密提出,他的《国富论》中第一篇标题即《论劳动生产力增进的原因,并论劳动生产物自然地分配给各阶级人民的顺序》。"生产力"作为历史唯物主义基本范畴使用,首见于1845—1846年马克思恩格斯的《德意志意识形态》。

生产力水平,是生产力的物质技术状况和劳动者社会结合状况构成的量的综合表现。历史上任何一种性质的生产力,都有水平高低、规模大小和劳动生产率的不同。而生产力性质,

---

* 作者为上海市习近平新时代中国特色社会主义思想研究中心特聘研究员,上海市政治学会副会长。

是生产力质的规定性，是生产力物质技术状况和劳动者社会结合状况构成的质的综合表现。历史上以氏族共同体为单位的生产、以家族为单位的个体生产、实行分工协作的社会化大生产，分别标志着生产力发展不同的阶段。而新质生产力的提出，为生产力水平大幅度发展和提升开辟了新道路。

什么是"先进生产力质态"

新质生产力是创新起主导作用，具有高科技、高效能、高质量特征，符合新发展理念的先进生产力质态。"先进生产力质态"主要表现在以下几个方面：

第一，科学技术权重大幅度提升。

马克思指出："生产力中也包括科学。"改革开放之初，邓小平在全国科学大会上提出"科学技术是生产力"。1988 年 9 月 5 日，他在会见捷克斯洛伐克总统胡萨克时说："马克思说过，科学技术是生产力，事实证明这话讲得很对。依我看，科学技术是第一生产力。"

"科学"作为知识形态的生产力，"技术"作为技能形态的生产力，渗透于劳动资料、劳动对象和劳动者诸实体要素中，在现代化大生产中，其作用日益加大，成为生产力发展中的新质和决定性构成。正如习近平总书记所指出的，科技创新能够催生新产业、新模式、新动能，是发展新质生产力的核心要素。

第二，创新力权重持续放大。

人类生产力的发展，本质上是靠创新实现的。人类社会所有的进步，都源于创新思维和创新行为。正是创新催生了各种新产业、新模式，成为新质生产力发展的动能。

进入 20 世纪后，创新在生产力结构体系中不断改变原有的状态，日益成为生产力的重要变量。创新本身是一个多维的社会行动体系，一国创新力的强弱、创新幅度的宽窄，决定了经济发展、社会进步和综合国力的基本面貌。如何按照"必须继续做好创新这篇大文章，推动新质生产力加快发展"这一要求，营造鼓励探索创新、宽容失败的社会氛围和机制，丰富创新平台、打破创新限制，进一步优化营商环境，推动各种原创性、颠覆性创新竞相涌现，成为推动新质生产力取得新突破的一个关键。

第三，体制性要素权重不断增加。

生产力诸要素只是构成生产力的物质前提，并不等于现实的生产力，它们只有通过一定的体制方式结合起来，才能形成现实的生产力。

体制为什么重要？因为体制决定了包括创新空间在内的社会行为的空间质量。忽略体制因素的生产力是不健全的，也不符合人类发展的历史经验。人类社会和世界经济不断昭示这样一个事实：生产实践领域的体制因素，决定了创新创造的动能和能级。

所谓"生产"，是物质资料生产与生产关系生产的统一。体制功能的本质，是能否"正向赋能"。先进的体制激发创新动能，促进生产力发展；落后的体制扼杀创新动能，阻碍生产力发展。一些地方发展快，有其内在的体制性因素，反之亦然。由此，构筑包容性强、能激发动能的生产性体制，是发展新质生产力的必然要求。

习近平总书记指出："发展新质生产力，必须进一步全面深化改革，形成与之相适应的新型生产关系。"构筑与新质生产力发展要求相适应的新型生产关系，这是行政体系实现"有为"的广阔空间。为此，要进一步深化"放管服"改革，着力打通束缚新质生产力发展的堵点卡点，从体制和组织因素上为新质生产力发展和经济社会进步"赋能"。

第四，智能权重进一步扩展。

新质生产力，一定程度上是"新智"生产力。事实上，智能已成为当今生产力构成的"新质"。人类智能日益呈现独立的形态，成为社会生产力中新的要素。使用石器、铁器、铜器工具，分别标志着古代社会生产力发展不同质的阶段，而智能化生产程度，同样也标志着当下时代、未来时代的社会生产力发展不同质的阶段。

智能发展日益形成复杂的结构，渗透和运用于现代化大生产的各个系统，如生产工具系统，发动劳动工具进行生产的动力系统和能源系统，将各种劳动资料有机结合起来的控制系统和信息传递系统，以及产品运输、贮藏和其他所需的辅助性劳动资料系统。可以看到，生产力的参数在不断扩容和刷新，在新质生产力构成中，智能正日益获得更大权重。

第五，"新质"劳动者权重日益提升。

人是生产力的首要因素。人与劳动资料结合，才能形成现实的社会生产力。马克思在《资本论》（第二卷）中指出："不论生产的社会的形式如何，劳动者和生产资料始终是生产的因素。"所有的生产力要素，都是通过"人"来实现的。因此，新质生产力的发展，归根结底是"新质"劳动者的培育和发展。

习近平总书记指出，要按照发展新质生产力要求，畅通教育、科技、人才的良性循环，完善人才培养、引进、使用、合理流动的工作机制。要根据科技发展新趋势，优化高等学校学科设置、人才培养模式，为发展新质生产力、推动高质量发展培养急需人才。这是在发展新质生产力的大背景下，我国教育领域面临的一个时代性命题。如何优化学科设置和人才培养模式，为发展新质生产力提供"新质"劳动者，成为促进新质生产力实现跃升的关键环节。

（2024-03-27）

从"第一生产力"到新质生产力，实现了怎样的跨越？

李　湛[*]

2023 年 9 月，习近平总书记在黑龙江考察期间首次提出"新质生产力"理念，此后又多次做了深入论述。新质生产力是由技术革命性突破、生产要素创新性配置、产业深度转型升级而催生的先进生产力质态。新质生产力之"新"，核心在于以科技创新推动产业创新。大家都知道，此前我们一直强调的是"科学技术是第一生产力"。同样是强调科技的作用，相对于"第一生产力"，新质生产力实现了怎样的跨越？

新中国科技发展历程分为五个阶段

我们先来回顾一下新中国的科技发展历程。新中国成立之初，百废待兴，科技发展底子较薄。1949 年，全国科技人员不足 5 万人，占全国人口总数的 0.9 ‰。新中国成立 75 年来，在中国共产党的正确领导下，我国科技事业取得了长足的进步，实现了科技领域跨越式发展。2013 年起，我国研发人员

---

[*] 作者为上海社会科学院应用经济研究所财政金融研究室主任、研究员。

人数连续多年位居世界第一。2022 年，我国研发人员全时当量达 635.4 万人年，相当于新中国成立之初的 127 倍。什么是"研发人员全时当量"？这是国际通用的用于比较科技人力投入的指标，指研发人员按实际从事研发活动的时间所计算出的工作量，单位为"人年"。2022 年，我国研发经费投入达 30783 亿元，位居世界第二位，投入强度上升到 2.54%，处于世界第 13 位。在全球创新指数排名中，2022 年中国已上升到全球第 11 位。

纵观新中国科技发展历程，可以分为五大发展阶段。

一是 1949 年至 1977 年的"向科学进军号召"阶段。这个阶段初期，党的第一代领导集体发出"向科学进军"的伟大号召，制定了我国第一个全国科学发展规划《1956—1967 年科学技术发展远景规划纲要》，初步形成由中国科学院、高校、产业部门、地方科研单位和国防科研单位组成的科技体系。不过，后来经历了一些曲折。

二是 1978 年至 1994 年的"科学技术是第一生产力"阶段。1978 年，被誉为"科学的春天"的全国科学大会在北京隆重召开，明确了中国知识分子是中国工人阶级的一部分，明确了科学技术是生产力。1988 年邓小平同志进一步重申和明确"科学技术是第一生产力"，使新中国生产力理论迈上了第一个高峰。中国开始拨乱反正，开启向西方开放与引进技术的大门，后来进一步深化引进技术与启动追赶高技术发展。

三是 1995 年至 2005 年的"实施科教兴国战略"阶段。1995 年 5 月，党中央决定实施科教兴国战略，把科技、教育作为经济和社会发展的强大动力。2005 年，党的十六届五中全会正式提出建设创新型国家。

　　四是 2006 年至 2011 年的"建设创新型国家"阶段。2006年 1 月，中共中央、国务院作出《关于实施科技规划纲要增强自主创新能力的决定》，进一步确定了自主创新道路、建设创新型国家的战略决策。在建设创新型国家战略的指引下，我国科技事业快速发展，科技体系不断完善，在生物技术、智能制造、航空航天等领域不断涌现出科技成果，一些重要领域开始跻身世界先进行列，科技自主创新水平得到进一步提升。

　　五是 2012 年开始的"实施创新驱动发展战略"阶段。党的十八大提出了关于科技创新的新战略，实施创新驱动发展战略，推出一系列科技体制改革重大举措。2016 年，习近平总书记发出建设世界科技强国的号召。同年，《国家创新驱动发展战略纲要》发布，提出到 2020 年中国进入创新型国家行列，到 2030 年跻身创新型国家前列，到 2050 年建成世界科技创新强国。党的十八大以来，我国的科技发展整体水平大幅提升，某些领域由跟跑向并跑、领跑转变，科技原始创新成果不断涌现，科技创新发展从量的积累开始向质飞跃、从点的突破开始向系统能力提升迈进。从现在起到 2035 年，是我国迎接和引领新一轮科技革命、实现科技发展现代化的关键时期，是迈向科技强国、基本建成社会主义现代化国家的冲刺期。在这个历史时刻，习近平总书记提出"新质生产力"理念，发展了我国生产力理论，实现了新飞跃。

　　从科教兴国到创新驱动发展战略，从科技与经济结合到全面贯彻新发展理念，从科学技术是第一生产力到加快形成新质生产力，这些均体现了中国特色社会主义经济理论的创新，指导了中国特色社会主义经济发展实践。习近平总书记关于新质生产力的重要论述，是对马克思主义生产力理论的新发展，进一步丰富了习近平经济思想的内涵，为新时代全面把握新一轮科技革命和产业变革突破方向、推动生产力高质量发展、全面推进中国式现代化建设提供了根本遵循和行动指南。

科技创新创业是当代经济发展的根本动力

习近平总书记指出，科技创新能够催生新产业、新模式、新动能，是发展新质生产力的核心要素。中国改革开放以后形成的科技创新创业经济发展理论，是新质生产力产生和发展的一个有力注解。

所谓科技创新创业经济发展理论，指的是进入创新创业时代，科技创新创业将成为经济发展的根本动力。观察当代的经济现象，可以发现当代的创新经济大多是通过科技创业形成的。比如从 20 世纪 80 年代末到整个 90 年代，在美国以硅谷为代表发生的创业大潮产生了一系列新行业、新产业，而一大批创业企业则成长为世界级企业。一段时间里，美国经济增长的三分之一由信息产业提供，而信息产业 90% 以上的企业都是在创业资本的支持下发展起来的创业企业。在当代中国，这种现象正风起云涌。

传统的经济理论对这种现象已难以解释。100 多年前，经济学大师熊彼特在其《经济发展理论》中提出，创新就是建立一种新的生产函数，是生产要素的重新组合，创新能够创造新的价值。然而，熊彼特的创新理论难以解释为什么当下主要是通过创建新企业的形式促进经济发展，为什么创业者能利用高新技术发展机会来实现价值的爆发式增长，为什么打破旧平衡的资源配置方式（创立新企业）能实现比原有资源安排方式（原企业内部的创新）更高的效率，为什么依赖于规模经济效应的传统企业反而会被规模较小的科技创业企业占领市场。此后，西方经济学界提出了现代经济增长理论、内生经济增长理论等。但是，这些理论也难以解释今天碰到的问题。之所以如此，主要原因在于，这些理论虽然认识到了技术创新对经济内生增长的推动作用，但没有注意到技术创新主体的变化，即创业企业的不断涌现已成为技术创新的最主要力量。

经济现象表明，科技创新创业越来越在推进技术创新、调整产业结构、促进经济发展等许多方面发挥着重要作用，成为经济发展的根本动力。

首先，科技创新创业促进了技术创新。科技创业是技术创新的系统化和深度化，科技创业将形成新的完整生产单元的创业企业。因此，从组合构成要素的角度看，科技创业可以被认为是具有整体性的技术创新单元，成为能够独立提供产品的生产单位。而将产品产业化的阶段，是技术创新能否成功的关键。在这一阶段，往往通过科技创业来推动。同时，科技创业促进技术扩散和价值转移。创业的本质是创新，即重新组织和配置资源，形成一种新的生产组织方式，实现比原有生产组合更高的生产效率。在创业的过程中，创业者和从业者会促使技术加速扩散和转移，达到技术使用率的最大化，实现价值转移和增值。

其次，科技创新创业推进了产业结构的调整。科技创业促使新兴企业比例增加，促进产业技术革新与升级，改变产业竞争格局，从而促进市场变革与产业结构调整。

再次，科技创业带动了创业投资的发展，聚集了更多的资本。科技创业的蓬勃发展吸引了大量的创业投资资本，同时创业投资催生了大批科技创业企业。

最后，科技创业推动了经济的发展。科技创业产生新的生产要素需求，推动形成新的增长机制，主要体现在对资源与生产要素的优化组合上。科技创业对就业的促进作用有目共睹。科技创业引领消费需求变革，调整供给侧结构，催生新的消费市场。

科技创新创业经济发展理论作为一个逐渐发展和成熟的理论体系，其创立过程反映了对经济增长理论、产业发展理论、技术创新理论和创业理论的不断突破，该理论也集中体现了科技创新在经济增长中的根本作用及科技创业的内在规律。

国家战略科技力量为主导的创新是新质生产力发展的源泉

西方国家主要以"国家创新体系"来反映国家科技发展的能级、水平、作用和贡献。对于中国这样的发展中国家来说，"国家战略科技力量"更能准确表达国家和科技发展所处的环境状况、目标要求与发展路径。简言之，国家战略科技力量是面向国家重大战略需求，聚焦战略必争领域，根据创新驱动发展战略的需要，承担和完成国家科技创新重大任务，代表国家参与全球科技前沿探索，实现关键核心技术突破，形成科技创新核心竞争力的综合能力。

强化国家战略科技力量，是新时期党中央确定的重大战略任务，是坚持创新在我国现代化建设全局中的核心地位、把科技自立自强作为国家发展的战略支撑的关键之举，旨在依靠国家战略科技力量实现科技创新的突破，催生新质生产力，培育经济增长新动力，建构新的发展优势，从而抓住新一轮科技革命和产业变革带来的机遇，将我国建设成社会主义现代化强国。

党的二十大报告提出，形成支持全面创新的基础制度。推动国家战略科技力量为主导的科技创新，必须积极探索建立基础制度保障，完善科技创新体制机制作为生产关系对新质生产力的重要支撑作用。这也是新质生产力超越"第一生产力"的重要体现。

一、建立基础制度

首先，需要明确我国科技创新体制机制具有社会主义基本经济制度属性。党的十九届四中全会把完善我国科技创新体制机制列入坚持和完善社会主义基本经济制度的范畴，这有利于深化科技创新体制机制改革。通过制度建设保障创新在我国社会主义现代化建设全局中的核心地位，为支持全面创新和国家战略科技力量协同攻关提供基础制度保障。

其次，建立"基础研究特区、科技创业特区、基本政策特区"三位一体的相关制度。"基础研究特区"应重点探索非共识项目的遴选机制，改革人才与成果评价制度。"科技创业特区"应建立促进创新创业人才成长与发展的机制体系，建立和完善技术研发、成果转化的机制体系。"基本政策特区"要促进形成理论扎实、逻辑清晰、覆盖全面、工具多样的国家战略科技力量政策体系，以推动国家战略科技力量良好发展。

再次，建立国家战略科技力量协同攻关的科技评价与考核奖励制度。通过科学客观的科技成果评价，为科技成果的转化和应用提供支持和保障。深入推进科技人才评价体制机制改革，通过构建科学、规范的科技人才评价体系，引导人尽其才、才尽其用、用有所成，支持国家战略科技力量协同攻关。

最后，建立国家战略科技力量主导的科技成果转化制度。

创新促进国家战略科技力量体系主导科技成果转化的机制和模式，开展职务科技成果赋权改革，着力破解科技成果转化桎梏。坚持"问题导向、精准施策"的原则，聚焦科技成果转化的"细绳子"堵点问题，注重改革举措的可操作性，统筹协调更多技术要素市场资源，汇聚更多专业力量。

二、形成组织模式

一是新型举国体制。应尽快通过金融服务蓄力，赋能"新型举国体制"，构建"科技—产业—金融"共同成长、共享利益、良性循环的新型机制，破解金融支持科创效能不足的痛点难题。

二是"揭榜挂帅"模式。"揭榜挂帅"是指针对目标明确的科技难题和关键核心技术攻关，设立项目或奖金向社会公开张榜征集创新性科技成果的一种新型的科研项目管理制度安排。"揭榜挂帅"创新模式是我国深化科技体制改革、集中攻关产业链关键核心技术和突破"卡脖子"问题、提升我国产业基础能力和产业链现代化水平的重要改革举措之一。在组织实施中，一般应坚持问题和目标导向，坚持以最终用户为本、"英雄不问出处"以及充分放权赋权的原则。

三是加快形成长三角科技创新共同体模式。瞄准世界科技前沿、围绕国家重大需求，加快建设长三角科技创新共同体，努力建成具有全球影响力的科技创新高地。

四是形成科创载体集聚创新发源地模式。科技创新载体作为一种创新基础设施，具有公共产品和社会公益性的特征。为更好地发挥科创载体的作用，促进科技创新创业的发展，科创载体应遵循"政府支持、市场运作、创新发展"的基本思路，集聚中小微企业、高校、科研院所、新型研发机构、投资机构、科技服务机构等各类科创资源，建设科技创新创业集聚区，形成"众创—孵化—加速—产业化"机制，提供全周期创业服务，营造科技创新创业生态。

五是形成"政产学研中用金"合作模式。"政产学研中用金"的有机结合及协同创新很大程度上决定了协同攻关效能。在提高科技成果转移转化的成效，促进高新科技产业化、规模化应用过程中，要在体制、机制、政策措施上深化改革，充分发挥政、产、学、研、中介、用户、金融服务等方面的协作。

六是形成"战略科技力量—产业—政府"三重螺旋模式。三重螺旋机制中，包括螺旋内部的进化（如大学与科研、企业与产业、政府与制度）、螺旋之间相互影响，使得战略科技力量的科技创新价值发挥最大作用。现代产业体系的构建需要三重螺旋推进，推动政产学研在资源共享、优势互补、成果转化、风险共担的基础上，促进突破性创新、颠覆性创新、渐进性创新和持续性创新，从而发挥撬动产业杠杆、重构产业结构、带动产业发展和辐射产业生态的作用。

三、探索实施路径

一是培育战略科学家与战略企业家，建立科学家与企业家的"旋转门"路径。战略科学家和战略企业家对攻克关键核心技术、创建战略产业具有不可或缺的作用。在打通科学家与企业家之间的转化路径，鼓励科学家创业的同时，也应该让有工程能力的企业家成为科学家，激发社会创新氛围。

二是建设具有科技创业特区属性、强化技术转移服务的高质量科技创新创业载体。建设高质量科技创新载体，强化为科技创新和创业提供特殊政策和环境的科技创业特区功能，通过优化资源配置、提供全方位的支持和服务，吸引和培育优秀的科技创新创业人才和项目，从而推动科技协同创新和创业的发展。

三是实施国家战略科技力量科技成果转化与高新技术企业培育工程。健全知识产权保护制度，完善技术评估体系，搭建科技成果转化平台，为科研机构和企业提供信息交流、技术转让和合作的机会，推动科技成果的商业化应用，培育更多高新技术企业。

四是探索创新联合体的横向协同和纵向联通机制。面向国家战略发展需求，围绕重点产业，在产业科技攻关、成果转化和新技术推广等方面，积极推进全面形成横向协同、纵向联通的创新体系网络，有效指导技术创新和产业集聚发展，引导企业建立先进的研发体系和上下游供应链管理体系，为科技自立自强和高质量发展、提升国家战略科技力量提供重要支撑。

（2024-04-07）

新质生产力的高效能体现在哪些方面？

陈学伟　李鸿渊 *

如何理解"高效能"，并充分激发"高效能"，这是以新质生产力推动高质量发展的一个重要课题。

新质生产力具有高科技、高效能、高质量特征。在"三高"特征中，高效能是发展新质生产力的核心。如何理解"高效能"，并充分激发"高效能"，这是以新质生产力推动高质量发展的一个重要课题。新质生产力的"高效能"主要体现在以下几个方面：

一、新质生产力能激发劳动生产效率不断提升

数字技术的突破和迭代，产生出符合各行业特点的新一代的智能化、无人化、数字化的生产工具。生产工具的变革引起劳动生产方式的发展变革。农业时代，表现为单个劳动者使用农业工具从事农业生产；工业时代，表现为个体劳动者操作机器从事工业生产；而网络智能时代，则表现为个体劳动者使用

* 作者为上海市习近平新时代中国特色社会主义思想研究中心研究员。

多台智能机器人，智能机器自主、同步进行各种生产。比如，中国商飞运用"工业元宇宙"等 AR 技术，进行多人协作的远程试验和检查，降低了差旅频次和成本。事实表明，劳动工具的数字化、网络化、智能化的变革发展，促进了劳动生产率的大幅提高。

二、新质生产力能激发独特生成优势的知识生产效率

技术优化了数据库的结构和非结构化数据的算法。对数据和信息的快速加工，让知识的生产效率大幅提高。特别是大数据的积累，产生出新的更多价值，各种相关性规律被发现，让人类对世界的认识产生更多新的视角、新的观点、新的论断。当前，以 ChatGPT 为代表的生成式人工智能大模型快速迭代。2024 年 2 月 OpenAI 公司发布 Sora 新型视频生成模型，为大模型的发展开辟了新道路，让通用人工智能到来的时间大大提前。随着技术迭代创新，人工智能将在更深层次上广泛赋能政务、新闻、金融、教育等垂直行业领域，知识生产效率将大幅提升。

三、新质生产力具有低碳环保的绿色能源转换效率

科技促进能源使用效率大幅提升。农业时代，人类以动植物脂肪制成的蜡烛照明，能量的转化效率仅为万分之一。工业革命后，爱迪生发明的灯泡的能量转化效率提升到了千分之一。当前常用的二极管光源，其能量转化效率大幅提升到百分之九。科技驱动之下，光源的能量转化效率大幅提升近 1000 倍。新质生产力本身就是绿色生产力，对新材料的应用形成了

新能源产业。比如，人工合成的单结钙钛矿太阳能光伏材料的转换效率已达到 25.2%。由光伏延展出的一系列新业态、新产业也在逐步形成，实现爆发式的增长，特别是光伏加储能、光伏加氢能、光伏加汽车等。

四、新质生产力具有无限提高的人力劳动替代率

目前，以自动化生产为主要形式的产业转型升级在制造业行业中广泛应用、快速推进。我国连续八年成为全球最大工业机器人消费国，全球最大工业机器人市场地位进一步稳固。随着工业机器人的应用场景创新，倒逼机器人的形态、体积、重量、灵活度等参数升级，工业机器人正向着小型化、轻型化、柔性化的方向发展，类人精细化操作能力不断增强。机器人对于人力劳动的替代，有利于企业提高管理效率和经济效益，同时也将增强人类对自身竞争力的提升更新。

（2024-04-09）

如何理解"新质生产力本身就是绿色生产力"?

王朝科 *

新质生产力是我国在经济发展实践中切实贯彻新发展理念呈现的新的生产力质态,是顺应新时代发展主题对马克思主义生产力理论的创新发展。习近平总书记在中央政治局第十一次集体学习时强调,绿色发展是高质量发展的底色,新质生产力本身就是绿色生产力。"新质生产力本身就是绿色生产力"这一论断诠释了新质生产力与绿色生产力的关系。对这一论断的理解,应坚持马克思主义系统观,从绿色发展理念、生产方式生态化、消费方式生态化、绿色技术以及资源环境生态系统承载力等五个维度展开。

第一,绿色生产力是体现绿色发展理念的先进生产力。

绿色发展是指将生态环境容量和资源承载力内化于社会经济发展过程,实现更高水平、更高质量的经济产出,创造更高生活标准和更好生活质量的新型发展模式,其核心要义是要解决好人与自然的和谐共生问题。

---

* 作者为上海对外经贸大学《资本论》与中国政治经济学研究中心教授。

　　绿色发展的内涵包括相互关联的几个层次：一是绿色经济。摒弃传统的财富观和追求财富增长的传统路径，树立绿色财富、绿色福利和幸福经济新理念，通过绿色投资，形成绿色生产力、增加绿色财富，扩大当代人和未来世代人的生存发展空间，夯实可持续发展的自然物质基础，既获得最大化的经济产出，又实现生态环境最优。绿色经济的两大支柱是绿色生产方式和绿色消费方式。二是绿色政策体系。社会经济政策具有引领和校正社会经济活动主体行为的作用，要以绿色发展统驭社会经济政策，形成具有内在一致性、协同性的绿色政策体系。三是绿色文化。绿色文化是关于人与自然关系的意识和价值观的总和，绿色文化就是使全社会形成普遍的人与自然是生命共同体的生态伦理意识和价值观，以及在生态伦理意识和价值观规定下尊重自然、敬畏自然、顺应自然、保护自然的文化自觉和行为规范。四是绿色发展目标。"经济—社会—自然"三大系统有机统一，人与自然和谐共生。

　　第二，绿色生产力是体现生产方式生态化结果的生产力新质态。

　　所谓生产方式生态化，是指按照自然生态规律组织社会生产过程，通过绿色投资，促进自然资本大量增值，夯实社会生产的自然基础，从投资自然获得社会生产的不竭源泉；运用绿色技术，通过更少的自然资源消耗和更小的环境压力，获得更高水平和质量的经济产出。

　　绿色生产方式包括几个要点：（1）生产目的不仅要获得最大的经济产出，实现持续、稳定、健康的经济增长，同时还要实现自然生态环境系统最大程度的改善，至少不造成环境质量持续恶化。传统生产方式之所以造成严重的生态环境问题，根本原因在于这种生产方式只有一个目的——产出最大化，而绿色生产方式有两个目的——产出最大化和环境最优化。传统生产方式只对产出成果进行核算，而不对因生产导致的环境问题进行核算，而绿色生产方式既核算产出成果，也核算环境成本。（2）绿色生产方式应该同时具备三种功能，即物质财富的生产功能、精神财富的生产功能和自然财富的生产功能。（3）绿色生产方式的评价尺度是人与自然和谐，既要满足人自身的需要，同时要与自然生态规律高度一致。

第三，绿色生产力是体现消费方式生态化结果的生产力新质态。

消费方式是消费主体与消费对象的结合方式，消费方式生态化将人类的消费活动与自然生态系统有机联系起来，实现消费主体的消费观念绿色化、消费对象绿色化、消费过程绿色化以及消费结果绿色化，同时在整个社会形成绿色化的消费文化、绿色化的消费环境、绿色化的消费政策和绿色化的制度设计和制度安排。

绿色消费方式是以崇尚自然、尊重自然和保护自然为典型特征的消费行为过程，包括四层含义：（1）生态环境直接就是人们的消费对象，随着社会经济的发展和进步，人们对清新空气、洁净饮水、安全食品和优美环境等生态产品的需求越来越强烈，环境就是民生，绿水青山就是金山银山。（2）消费过程不仅实现人自身的发展，而且要通过消费创造自然财富，消费活动本身也要成为一种提供生态产品的活动。（3）绿色消费方式主张通过消费实现人对物质财富的满足与自然生态系统之间的均衡，把消费活动形成的环境生态压力控制在自然生态系统的承载力范围内，消费不能成为破坏良好生态环境的另一种力量。（4）要形成将生态环境自觉纳入消费者的消费决策中的政策体系和制度安排，促进形成绿色消费文化。

第四，绿色生产力是体现绿色技术广泛应用结果的生产力新质态。

一般意义上的技术进步是指生产领域中的劳动工具、劳动对象、工艺流程、操作方法以及劳动者的知识、技能等的积累、更新和发展。从更广泛的意义上看，技术进步也包括微观、宏观层面的组织管理技术的改进、提高和完善。

传统的技术进步理论仅以产出水平或技术效率为目标函数，完全不考虑技术与生态环境质量变化的关系。引入生态环境变量，技术进步与生态危机之间的可能关系可以概括为下列几种类型：直接生态环境破坏型技术；间接生态环境破坏型技术；代际转移生态环境破坏型技术；生态环境破坏减弱型技术；生态环境改进型技术进步。后面两种类型可称为绿色技术。生态环境改进型技术进步又分为三种类型，一是清洁生产技术（环境友好型技术），它可使生产过程无废或少废，从而实现过程的零排放、零污染以及最终产品的绿色化等；二是预防和末端治理的技术，如汽车尾气控制技术、烟煤脱硫技术、大气污染防治技术、水污染防治技术、填埋和焚烧固体废弃物技术、噪声污染防治技术等，旨在通过末端治理实现无害化；三是资源再生利用技术，旨在实现废弃物的资源化处理。

第五，绿色生产力是体现资源环境生态承载力的先进生产力。

自然环境是生产力的自然物质基础，保护环境就是保护生产力，改善环境就是发展生产力。

环境生产力或生态系统生产力包含三个相互联系的基本命

题：自然环境是生产力（社会劳动生产力）的自然基础；已知和可用的纯粹自然力是生产力的构成要素之一或者说是生产力的决定因素之一，是潜在生产力的来源；纯粹自然力成为社会劳动生产力的要素是有条件的，包括人类自身认识力所能达到的边界以及科学和技术的发展是纯粹自然力成为生产力的必要条件。使用自然资源不是无限度的，而是要充分考虑其承载力。发展新质生产力，要以体现绿色发展理念、实现人与自然和谐共生为价值指引，以生产方式生态化、消费方式生态化、技术绿色化等为重要支撑，从而实现高质量发展，满足人民对美好生活的需要。

（2024-06-14）

新质生产力与
高质量发展

新质生产力何以成为高质量发展的战略新选择？

侯为民[*]

以高质量发展推进中国式现代化，必须加快形成新质生产力。新质生产力的提出，丰富和拓展了马克思主义生产力理论的内涵，成为我国培育现代化新动能和推进经济高质量发展的战略新选择。

一、科学认识新质生产力的理论突破

生产力是推动人类文明不断向前发展的终极决定性力量，快速发展社会生产力是社会主义经济建设的首要任务。新质生产力范畴立足于马克思主义生产力理论，拓展了生产力的内涵，又立足于我国社会主义现代化新征程，阐明了新质生产力的发展趋势和根本要求，开辟了马克思主义生产力理论新境界。

新质生产力拓展了生产力的构成要素。马克思指出，生产力在本质上是"生产能力及其要素的发展"。生产能力的发展

---

* 作者为中国社会科学院马克思主义经济社会发展研究中心主任、研究员，中国政治经济学学会会长。

与科学知识在生产领域中的大规模运用有直接的关系，它体现
为人的劳动能力的提高。而科学知识的运用，在根本上体现为
生产要素本身的发展。习近平总书记指出，数据是新的生产要
素，是基础性资源和战略性资源，也是重要生产力。在现代社
会生产中，芯片、编码、程序、数据、信息等构成了新型劳动
过程的核心要素。数据搜集、数据挖掘、数据分析、数据产品
加工、数据营销等通过互联网构成数据再生产过程，进而驾驭
和改变了传统生产要素投入和产出的方向、规模和结构。可
见，数据、信息和网络等对传统生产要素的整合，既挖掘了传
统生产要素的新能力，又能形成数字化生产的新生产力。新质
生产力的提出，在新的历史条件下对数据要素等新生产力构成
要素进行了科学的提炼和说明，深化了对生产力发展规律的
认识。

新质生产力揭示了区别于传统现代化发展规律的新动能。
人们对于生产力的认识，总是随着实践而不断深化。西方经济
理论关于生产力发展规律及其路径主要有两种解释：一是从分
工和协作角度出发；二是从竞争和演化角度出发，两者均有巨
大的局限性。马克思主义则从生产要素结合性质与作用方式论
证生产力的形成与发展。在工业革命中，科技要素、管理要素
等被不断合并进生产过程，成为生产力发展的直接推动力。立
足于新一轮科技革命的现实，新质生产力范畴是从生产过程内
部环节出发，及时将信息收集能力、数据处理能力、信息交互
能力、算力、基因技术、生态技术、人工智能等作为新的生产
要素合并到生产力范畴中，坚持了马克思主义将劳动者和科技
因素作为"第一生产力"的科学论断，并超越了传统现代化范
式中将生产要素单纯归结为劳动力、土地、资本的思维，体现

了"先进生产力质态"。新质生产力的提出，从生产力变革角度对生产力发展规律进行了新的探索，为我国经济高质量发展打开了新思路。

新质生产力阐明了经济发展的新元素和发展条件。马克思曾指出，"机器的改良，使那些在原有形式上本来不能利用的物质，获得一种在新的生产中可以利用的形态"。新质生产力范畴赋予传统生产要素新的内涵，极大地拓宽了机器体系替代人类脑力劳动的前景，使现代生产中复杂劳动的比例大幅上升，提高了劳动效率。新质生产力还极大改变了劳动者与劳动资料的关系，劳动者对机器的掌控、生产信息的互通互联、机器体系内的生产协同以及智能工具对产品的监测等环节，均可通过数字化通信互联和机器操控来实现，从而提高劳动效率和促进生产力发展。

二、新质生产力是催生现代化发展新动能的重要突破口

以经济高质量发展推进中国式现代化，必须加快形成新质生产力。更高的物质文明和人民生活水平，必须以更高的生产力水平作为坚实的支撑。新质生产力的形成，关键在于能否将"创新发展"落实到位。马克思指出："生产力当然始终是有用的具体的劳动的生产力。"生产力的有用性和具体性，关键在于科学知识的生产性运用。科技创新是生产力发展的引擎，提升新质生产力需要以新科学技术来引领。因此，新质生产力一方面需要以基础研发为底蕴的科学发现，另一方面需要以实践运用为指归的科技发明。新质生产力的形成和发展，其重要标志是从基础研究到应用研究的科研闭环，其主要支撑是要实现

引领性和颠覆性技术的突破，其判断标准是能否在实体经济领域大规模运用系统性的新技术群。

培育新质生产力是促进人与自然和谐发展的重要手段。新质生产力以知识和信息、数据和算力为基础来推动产业迭代升级，可以极大地克服自然物质资源的排他性和消耗性，为中国式现代化的稳步推进奠定必要基础。从社会生产的物质变换过程看，新能源、3D打印、生物技术等现代制造业，只有依托数字体系整合网络、硬件、软件、传感器等技术，实时采集生产过程数据并进行智能分析和决策优化，才能更好地实现自然物质资源的循环使用和永续利用。新质生产力之所以本身是"绿色生产力"，就在于其能颠覆性地改变传统的技术经济生态圈，引导中国经济发展进入全新良性轨道。

培育新质生产力是实现人民物质和精神共同富裕的必然举措。中国式现代化是全体人民共同富裕的现代化，不仅包括物质富裕也包括精神富裕。实现物质和精神的共同富裕，离不开新科技、新业态为代表的新质生产力的大力发展。只有尽快形成新质生产力，互联网经济、媒体经济、网络营销、个性化定制等才能得到快速发展，才能不断提供满足人民物质和精神需要的高质量产品。

培育新质生产力是赢得国际竞争战略主动权的关键。中国式现代化道路的开辟和成功，为我国带来了良好的发展基础，但也面临国际上新的挑战。当前国际经济竞争的核心在于尖端和核心科技及其产业化水平。突破西方脱钩断链式的科技打压和产业围堵，构建国内大循环为主体的新发展格局必须坚持自主发展和内生增长优先。只有充分抓住第四次产业革命的时机，加快构建我国自主知识产权优势，以新质生产力为引导融入全球化，才能在世界市场竞争中占据主动。

三、坚持整体思维综合推进，加快形成新质生产力

加快形成新质生产力，必须按照高质量发展的总体要求，在发展思想、发展主体、发展政策和重点产业上相互协同、综合推进。

一是加快科技创新步伐，推动数字经济发展。当前，大数据、5G通信、人工智能、AR和VR、互联网平台、云计算等新科学技术发展迅速，成为传统制造业升级跃迁的关键。劳动资料的数字化与智能化改造、传统生产设备的网络化智慧化升级、智能机器人对传统机械制造工具的替代等成为产业升级的重要趋势。推动数字经济发展，应加快设计者、生产者和消费者之间的即时和无缝衔接，加快建设以人、机器和数据有效衔接为特点的人机一体化智能系统，优化产品设计、制造、产品应用及售后服务的全过程，推动生产要素和资源的优化配置和动态重组。其核心就是要通过科技研发新赛道，构建出互联互通的现代化制造产业体系，实现由"中国制造"向"中国智造"的转变。

二是要发挥国有经济中坚作用和新型举国体制优势。新质生产力的发展总是在一定生产关系下进行的。培育新质生产力需要发挥国有经济的中坚作用和新型举国体制的优势。要探索新的资源创新和配置机制，加大对重要新科技、新产业、新业态的国家投入，设立相应的国有资本支持基金和经营实体；要完善新的收入分配机制，促进信息、数据、数字处理技术等新要素按其贡献参与分配。同时，要适应新生产要素的特点，构建鼓励民间各种新生产要素自由有序流动的资源流动机制；要

适应新质生产力的发展要求，鼓励经济主体探索新的经营机制；要适应新质生产力的性质，鼓励形成混合所有制的新经营主体。

三是加快出台发展新质生产力的支持和引导政策。首先要强化政策设计，明确新质生产力主体的认定和奖励性政策；其次要加强政策引导，通过税收、贷款、财政资金等倾斜性支持政策，促进新质生产力发展；最后是要出台专项政策，加快建立世界一流的大数据、人工智能、云计算、高端芯片等新技术国际科技创新中心，为支撑新产业和传统产业转型升级发展提供可持续的科技基础支撑。

四是布局好战略性新兴产业和未来产业，避免资源浪费和项目重复建设。激发新质生产力的动能，核心在于发展战略性新兴产业和未来产业。为此，应立足顶层设计，在现代产业体系内部做好各类产业划分和功能定位，合理区分战略性新兴产业、主导产业、基础设施产业、一般制造业和未来产业。要加快新介质新材料产业、数字处理芯片产业、人工智能大模型、量子信息通信产业和新制造产业等，将前瞻性战略产业和战略性新兴产业作为新质生产力的发展方向，使之成为培育新质生产力的主领域，催生经济高质量发展的新动能。

（2024-03-04）

发展新质生产力，为何是推动高质量发展的内在要求和重要着力点？

胡晓鹏 *

2024 年 1 月 31 日，中共中央政治局就扎实推进高质量发展进行第十一次集体学习。习近平总书记在主持学习时明确指出"发展新质生产力是推动高质量发展的内在要求和重要着力点"，并首次系统概括了新质生产力的总体定义、动力来源、基本内涵、核心标志以及发展思路。对于新质生产力，我们在学习领会并给予高度重视的同时，更需要立足世情时情国情进行深入理论探究。

一、新质生产力在于技术革命性突破、生产要素创新性配置、产业深度转型升级

习近平总书记指出，新质生产力是创新起主导作用，摆脱传统经济增长方式、生产力发展路径，具有高科技、高效能、高质量特征，符合新发展理念的先进生产力质态。数字经济时代，大数据、人工智能、云计算等改变了生产要素的构

* 作者为上海社会科学院世界经济研究所副所长、研究员。

成，拓展了国民经济的业态结构，重建了生产的动力结构，催生出新质生产力。但与以往的科技创新不同，数字时代的科技创新不仅仅是一个推动经济发展且保持高度稳定的外生因素，它的活跃程度既来自科技资源积聚时的升级迭代和颠覆创新，更来自新技术与各种场景结合后的自我学习与适应的应用拓展。

根据OpenAI发布的一份AI计算报告显示，自2012年以来，在最大的AI训练运行中所使用的计算力呈指数增长，每3.5个月增长一倍。这几乎是摩尔定律所定义翻倍时间的约1/6。照此计算，2012年以来，算力已经增长了30万倍以上。此时，我们不难得出一个重要判断，即经济发展与新技术创新几乎是保持同时同步。这与工业经济时代完全不同。新质生产力就是依托于大数据生产、应用和创新的过程，通过生产要素创新性配置，通过新技术产业化，不断塑造出新的业态和模式。由此，不仅驱动产业深度转型升级，而且迸发出更为强大的产业生产能力和更为高效的价值实现能力。事实上，近年来从人工智能、工业互联网到大数据，全球经济增长的新引擎无一不是由新技术带来的新产业进而形成的新生产力所驱动的。

二、新质生产力基本内涵是劳动者、劳动资料、劳动对象及其优化组合的跃升

通常来说，生产力是人与自然之间的物质变换能力，包括劳动对象、劳动资料和劳动者等独立实体要素和科技、管理、人才等非独立渗透要素。新质生产力依然适用物质变换能力这一定义，但要看到的是，随着数字技术的广泛应用，人类生产

活动不再局限于线下实体空间，线上虚拟空间同样也可以开展生产制造和服务活动。实践中，无论是数字经济新商业模式创造出来得更为强大的产品价值变现能力，还是线上大数据生产以及通过云计算、人工智能等技术形成的对线下生产效率的大幅促进，人类生产活动的有效性正以前所未有的速度提高。此时，劳动对象的范围和种类因生产空间扩大而不断扩展，大数据、人工智能等新型劳动资料的出现提高了经济迂回化水平，它们日益成为推动经济高质量发展的重要手段。

新质生产力，归根结底发轫于以新技术为驱动力的现代产业体系，并因此构建出新型产业分工格局和要素配置关系，劳动者也因新技术带来更高生产力，开始朝着高技术化、高劳动生产率化和机器人部分替代化的方向迈进，增加劳动者休闲活动却不影响创造价值的场景不断显现。很明显，在数字时代颠覆性科技创新的催化下，劳动者、劳动资料、劳动对象的组合方式不断进行着动态优化，每一次优化升级的跃升，都将使物质生产和精神产出大规模扩张。客观而言，与注重数量规模的物质变换能力不同，新质生产力的质态内涵更显著，它不仅仅是物质生产能力的更大提升，同时也是人民满足自身精神需要的一种重要手段。

三、新质生产力的关键在于质优，与新发展理念完全契合

生产力越高，物质财富的生产和创造能力就越大，这是生产力价值形态的体现。新质生产力的核心标准是全要素生产率大幅提升，但却并不止于物质总量扩张，还表现为与新发展理念完全契合，让经济发展更具创新、协调、绿色、开放、共享

等特质。

具体而言，创新是新质生产力的根本特点，因为新质生产力来源于颠覆性技术和前沿技术，蕴含于技术创新驱动的新产业、新模式、新动能。协调是新质生产力的内在要求，因为生成于虚拟空间的大数据，在算力算法支持下，不仅能够实现经济、政治、文化、社会、生态文明多重目标的齐头并进，而且还可以彻底打破实体空间的城乡分割和区域差别。与此同时，大数据作为高等级生产要素调节并整合线下经济资源的有效配置，不仅促使劳动生产率提高，而且让民众充分享受到新技术带来的生活便利，从而推动精神文明和物质文明更加协调发展。绿色是新质生产力的根本体现，因为构成新质生产力的新能源技术、节能技术、碳捕获技术、碳封存技术等低碳技术的发展，可以更好满足国家实现碳达峰、碳中和的目标，以低碳技术转化为特征的新质生产力，将有助于打造低碳化的能源系统、生产系统、消费系统，实现整个社会生产和生活的低碳化。开放是新质生产力的前提条件，因为新质生产力以现代产业体系为载体，与产业链优化、创新链提升同源，这离不开国内统一大市场和高水平对外开放的支撑。如果没有全球创新资源的整合与配置能力，数字化赋能就成为一句空话，一国供应链韧性增强和价值链能级提升也无法成为现实，新质生产力更难以形成。共享是新质生产力的必然结果，因为新质生产力是惠及全体人民的公共生产力，它通过大数据和人工智能技术有效增强公共服务和城市管理能力，缓解供求之间的矛盾，促成国民福利的改善。更为重要的是，新技术的运用提高了劳动生产率，在劳动力就业质量提高的同时，新技术也创造出更多的就业岗位，全社会的劳动者收入份额出现大幅增长。

四、加快发展新质生产力需要全面深化改革，形成与之相适应的新型生产关系

在传统经济理论中，生产力具有多重的主体指向特点，比如指向要素的劳动生产力以及指向企业投入产出的企业生产力等。相较而言，新质生产力更加侧重产业、地区和国家的指向。这种更为宏观指向的生产力特质，体现了国家对发展新质生产力的战略意愿，也是对国家培育战略竞争优势执行能力的考验。

进入新时代以来，我国一直致力于解决发展不平衡和不充分的问题。新质生产力让我们看到了解决的方法和路径，但要做到这一点还要进一步全面深化改革，才能激发社会生产力和发展活力。所以，"新质生产力"带来的是发展命题，也是改革命题，关键是要建构出与新质生产力相适应的新型生产关系。只有通过全面深化改革，着力打通束缚新质生产力发展的堵点卡点，不断探索优化经济体制和科技体制，进一步畅通教育、科技、人才的良性循环，不断完善人才培养、引进、使用、合理流动的工作机制，建立起完善的支持新质生产力发展的财税体系、金融体系、政策体系等，才能让各类先进优质生产要素顺畅流动和高效配置，进一步激发新质生产力的强大动能。

新质生产力是在第四次新技术革命背景下因科技颠覆性创新与产业发展深度结合所衍生的新质态。发展新质生产力是推动高质量发展的内在要求和重要着力点，是国民经济高质量发展的根本动力。新质生产力的培育和增长，既是国家科技创新战略深入推进的有效体现，更是习近平新时代中国特色社会主义经济制度中生产力与生产关系协同作用的必然结果。

（2024-02-03）

今年政府工作十大任务，为何要将这一条放在首位？

陈旭东[*]

《2024 年政府工作报告》明确了今年政府工作十大任务，首要的就是"大力推进现代化产业体系建设，加快发展新质生产力"，而其核心是"充分发挥创新主导作用，以科技创新推动产业创新，加快推进新型工业化，提高全要素生产率，不断塑造发展新动能新优势，促进社会生产力实现新的跃升"。这是对 2023 年底召开的中央经济工作会议所部署的 2024 年九大重点任务之一"以科技创新引领现代化产业体系建设"的落实，其具体任务的落地将有助于进一步巩固和增强经济回升向好态势，持续推动经济实现质的有效提升和量的合理增长。

中国经济正处于从传统的要素驱动阶段向创新驱动阶段转变的关键时期，高质量发展越来越需要向创新尤其是科技创新和产业创新要动力。在过去的 2023 年里，我国在一些关键核心技术的攻关方面取得丰硕成果，航空发动机、燃气轮机、第四代核电机组等高端装备研制取得长足进展，人工智能、量子

---

* 作者为上海财经大学中国式现代化研究院特聘研究员。

科技等前沿领域创新成果不断涌现。与此同时，传统产业加快转型升级，战略性新兴产业蓬勃发展，未来产业有序布局，一批重大产业创新成果达到国际先进水平，以实体经济为支撑的现代化产业体系建设扎实推进。

面向 2024 年，中国经济要实现 5% 左右的经济增长率，必须进一步夯实科技创新对产业创新的引领和推动作用，以加快发展新质生产力，大力推进现代化产业体系建设，推动经济高质量发展取得新突破。

一是要大力推进新型工业化，实施制造业重点产业链高质量发展行动，加强质量支撑和标准引领，提升产业链供应链的韧性和安全水平。我国拥有世界上最完整的工业门类，但是在一些制造业重点产业的关键零部件和核心底层技术上还有短板，对高质量发展形成掣肘。传统工业化的路径已难以适应发展的需要，必须通过加快推进高水平科技自立自强，强化企业科技创新主体地位，夯实新型工业化和制造强国根基，推动制造业高端化、智能化、绿色化发展，成体系地推进重点领域行业的国际标准转化及参与重点领域全球标准化活动，打造有国际竞争力的先进制造业集群，构建自主可控、安全可靠的产业链供应链，这将有助于增强发展的安全性和主动权，提高全要素生产率。

二是要积极培育战略性新兴产业和未来产业，发挥中国超大规模市场和丰富应用场景优势，持续布局新赛道、激发新动能、构筑新优势。战略性新兴产业和未来产业是国家培育经济发展新动能、赢得未来国际竞争优势的关键。一方面，要全面推进技术创新、规模化应用和产业生态体系建设，大力推动新一代信息技术、新能源、新材料、高端装备、新能源汽车、绿色环保、民用航空、船舶与海洋工程装备等若干战略性新兴产业健康有序发展。另一方面，要全面布局未来产业发展，重点聚焦元宇宙、脑机接口、量子信息、人形机器人、生成式人工智能、生物制造、未来显示、未来网络、新型储能等领域的产业发展，建设一批未来产业孵化器和先导区。

三是要主动拥抱数字化发展浪潮，找准数字经济发展的关键点和突破口，促进数字技术和实体经济深度融合，深入推进数字经济创新发展。重点深化大数据、云计算、区块链、元宇宙、人工智能、算力等研发应用，打造具有国际竞争力的数字产业集群，积极实施制造业数字化转型行动，加快工业互联网规模化应用。建立健全数据基础制度和数据要素市场规则，强化高质量数据要素供给，大力探索建立多样化的数据开发开放和流通使用机制。适度超前建设高速泛在、天地一体、云网融合、智能敏捷、绿色低碳、安全可控的智能化综合性数字信息基础设施，加快形成算力、算法、数据、应用资源协同的全国一体化大数据中心体系。

（2024-03-12）

各地都在抢抓发展新质生产力，习近平总书记作出这一提醒有何深意？

刘虎沉 *

"因地制宜"是在中国国情基础上对发展新质生产力提出的新要求。

习近平总书记在参加十四届全国人大二次会议江苏代表团审议时强调，要牢牢把握高质量发展这个首要任务，因地制宜发展新质生产力。

"因地制宜"是在中国国情基础上对发展新质生产力提出的新要求，体现了习近平新时代中国特色社会主义思想的重要方法论，蕴含着唯物辩证法的深刻意蕴，具有极强的政治性、战略性、指导性和针对性。在强国建设、民族复兴的新征程上，因地制宜发展新质生产力事关中国式现代化建设全局，是推动高质量发展的内在要求和重要着力点。

* 作者为同济大学经济与管理学院特聘教授、上海市习近平新时代中国特色社会主义思想研究中心特聘研究员。

存量"焕新"与增量"换乘"

作为先进生产力的具体体现，新质生产力由技术革命性突破、生产要素创新性配置、产业深度转型升级而产生，呈现出高科技、高效能、高质量等特征，是引领高质量发展的关键动力。当前，新一轮科技革命和产业变革蓬勃兴起，重大颠覆性技术和前沿技术正加速催生新产业、新模式、新动能，培育发展新质生产力要马上干、抓紧干，但绝不是"一哄而上"盲目干，必须把因地制宜贯穿始终。

因地制宜发展新质生产力，不仅是对中国国情的深刻把握，还是对新质生产力丰富内涵的准确理解。一方面，我国幅员辽阔、人口众多，不同地区资源禀赋和发展水平各不相同，发展新质生产力不能简单采用单一发展模式。另一方面，传统产业、新兴产业和未来产业都是新质生产力的重要组成部分。发展新质生产力不能未立先破，要充分利用各地产业基础，在推动新经济、新技术与新旧产业的渗透融合中实现存量"焕新"与增量"换乘"。所谓存量"焕新"，指的是传统产业要加快转型升级，用新技术改造提升传统产业，积极促进产业高端化、智能化、绿色化；所谓增量"换乘"，指的是必须发挥创新主导作用，摆脱传统经济增长方式、生产力发展路径，不断催生新产业、新模式、新动能。

自习近平总书记在黑龙江考察调研时首次提出新质生产力以来，全国上下掀起向"新"而行的热潮。多个省市在地方政府工作报告中提出加快发展新质生产力，《2024年政府工作报告》首次提及新质生产力并将其列为政府工作首要任务，发展新质生产力的热度正不断攀升。与此同时，各地聚焦新质生产力，不断推出新举措，抢抓机遇、争先布局。例如，北京实施制造业重点产业链高质量发展行动，加快推进集成电路重大项目，在光电集成、芯粒技术等领域实现更大突破；广东深入推进粤港澳大湾区国际科技创新中心、综合性国家科学中心建设，打造5G、集成电路、纳米、生物医药等产业创新高地，不断创造发展更多新动能新优势。但也应看到，发展新质生产力不是赶潮流、追热点，要避免忽视产业规律和各地区条件的盲目跟风，不能片面追新求新，忽视甚至放弃传统产业，以免把手里吃饭的家伙先扔了、新的吃饭家伙还没拿到手。此外，各地在培育发展新质生产力时，不能搞行政强推，要避免"大干快上"的冲动，否则很可能会造成重复建设和资源浪费，埋没各地的发展潜能和优势，反而不利于地方经济社会的正常发展。

加快打造各具特色的新质生产力增长极

因地制宜发展新质生产力，必须坚持一切从实际出发、实事求是，紧扣各地资源禀赋、产业基础、科研条件，有选择地推动新产业、新模式、新动能发展，让新质生产力的发展步伐更加稳健有力。

其一，立足资源禀赋优势，优化布局和培育新质生产力。一方水土育一地产业，充分用好各地资源禀赋，发挥比较优势，才能准确定位产业布局、发展新质生产力。应聚焦国家战略导向，考虑各地区资源环境承载能力和比较优势，优化产业空间布局，加强资源型地区与周边中心城市、省会城市的合作，对接先进生产要素和创新资源，促进资本、人才和技术等生产要素流动。另外，加快发展与资源精深加工密切相关的新材料、新能源、节能环保、高端装备制造等战略性新兴产业，提升产业链的创新能力和附加值，从而培育一批新兴支柱产业，加快形成新质生产力。

其二，依托传统产业基础，处理好新旧产业的关系。新质生产力离不开传统产业打下的坚实基础，发展新质生产力不是要忽视、放弃传统产业，而是要采用新技术促进传统产业深度转型升级。应加快推动数字化、智能化赋能传统制造，促进绿色科技创新和先进绿色技术推广应用，不断推进传统产业高端化、智能化、绿色化改造。在发挥好传统产业优势的同时，打造生物制造、商业航天、低空经济等若干战略性新兴产业，开辟量子、生命科学等未来产业新赛道，让新旧产业相得益彰，形成推动新质生产力发展的合力。

其三，根据各地科研条件，推动科技创新赋能新质生产力。科技创新能够催生新产业、新模式、新动能，是发展新质生产力的核心要素。应基于京津冀、长三角地区、粤港澳大湾区的科技创新优势，建立技术攻关联盟，集聚创新资源，着力突破一批"卡脖子"技术和未来技术。此外，充分利用地方高校科研院所特色学科的比较优势，强化各地高校科研院所与企业的创新合作，构建产学研用一体化的科研成果研发及转化机制，推动更多科技成果在本地能够就地交易、就地转化、就地应用，加快打造各具特色的新质生产力增长极。

（2024-03-15）

加强政策工具创新和协调配合，着力推动高质量发展

伍爱群[*]

2024 年是中华人民共和国成立 75 周年，是实现"十四五"规划目标任务的关键一年。《2024 年政府工作报告》提出，要综合考虑国内外形势和各方面因素，加强政策工具创新和协调配合，推动高质量发展取得新的更大成效。过去一年，我国经济顶住外部压力、克服内部困难，总体态势回升向好。经济恢复是一个波浪式发展、曲折式前进的过程。做好今年经济工作，要在全面了解全球经济发展态势的基础上，聚焦高水平科技自立自强，优化政策工具组合，着力推动高质量发展。

世界经济格局深刻变化

当前，世界各国经济复苏不均衡。在经济表现上，美国超出预期，大概率会实现软着陆。欧洲受地缘政治冲突影响比较大，物价上涨更多的是来自结构性因素，尽管物价指数已回落，但快速加息拖累经济复苏，目前还没有从衰退中走出来。

* 作者为全国政协委员、华东师范大学特聘教授。

发展中国家受发达国家加息影响，资金快速流出，有些国家甚至出现债务危机，受制于发达经济体经济增速放缓与持续性地缘政治冲突，外部需求下降，经济表现不及预期。

总体来看，全球范围内保护主义盛行，逆全球化思潮抬头，国家安全与竞争成为国际关系中的重要考量因素，经济格局正在发生深刻变化。以美国为代表的西方世界对我国经贸、科技等领域打压遏制升级，推动所谓的"脱钩断链""友岸外包"。外部环境的复杂性、严峻性、不确定性上升，而国内大循环仍存在堵点。因此，进一步推动我国经济回升向好，需要克服一些困难和挑战。

从四个方面入手着力推动高质量发展

做好今年经济工作，要以习近平新时代中国特色社会主义思想为指导，坚持稳中求进工作总基调，完整、准确、全面贯彻新发展理念，加快构建新发展格局，着力推动高质量发展，全面深化改革开放，推动高水平科技自立自强。

一是以科技创新引领现代化产业体系建设。要立足资源禀赋和产业基础，聚焦优势产业，集中优势资源，大力推进新型工业化，发展数字经济，加快推动人工智能发展。打造商业航天、生物制造、低空经济等若干战略性新兴产业，加快传统产业转型升级。把科技创新摆到更加突出的位置，以科技创新推动产业创新，特别是以颠覆性技术和前沿技术催生新产业、新模式、新动能，发展新质生产力，加快新质生产力赋能产业智能化、绿色化、高端化发展，依托新质生产力推动技术、业态、模式、体制机制变革，推动颠覆式创新与渐进式创新持续涌现。深化教育科技人才综合改革，加强科教创新和产业创新融合，加强关键核心技术攻关，加大技术改造和产品升级力度。

二是采取必要的需求刺激政策。积极的财政政策要适度加力、提质增效。落实好提高研发费用加计扣除比例政策，加快地方政府专项债券发行使用，兜牢兜实基层"三保"底线。稳健的货币政策要灵活适度、精准有效。保持流动性合理充裕，引导信贷总量合理、结构优化、节奏平稳，加大对重点领域的金融支持。增强宏观政策取向一致性，确保政策同向发力、形成合力。

三是研究并储备带有存量调整和结构改革效果的非常规需求牵引政策。着力扩大消费投资需求，落实好恢复和扩大消费各项政策，增加城乡居民收入，持续有力推进"十四五"重大工程及其他经济社会发展重大项目实施。努力稳定外贸外资基本盘，出台一批深化开放合作的务实举措，持续推进通关便利化。切实解决企业经营困难，加快清理妨碍统一大市场和公平竞争的政策措施，推动促进民营经济发展壮大的政策措施落地落细。

四是在防范化解重点领域风险基础上，深化重点领域改革。因城施策用好政策工具箱，引导督促金融机构落实好金融支持房地产市场平稳健康发展工作。有序有效化解存量债务，严控新增地方政府隐性债务。稳步推进中小银行等高风险金融机构改革化险，督促各类金融机构回归本源、专注主业。在牢牢守住不发生系统性风险底线的基础上，谋划进一步全面深化改革重大举措，为推动高质量发展、加快中国式现代化建设持续注入强大动力。

（2024-03-09）

超前布局建设未来产业
高校能做什么？

未来产业是现代产业体系的重要支撑，也是经济社会发展的新增长点，还是孕育新质生产力的关键载体。习近平总书记在不同场合多次强调，要超前布局建设未来产业。

高校是教育领域与产业领域有机衔接的最前沿，要结合自己的办学传统和综合优势，多渠道、全方位为超前布局建设未来产业提供人才供给、智力支持。

适度超前储备未来产业发展人才

产业的发展离不开人才的支撑，而人才的培养又有着固定的周期。适度超前储备未来产业人才，就是要尽可能使人才培养周期与未来产业的生命周期保持同频共振。为此，要重点抓住三个阶段的人才需求。

在初始阶段，未来产业还处于孕育期或成长期，尚未实现产业化生产和经营，市场的占有率和品牌影响力还非常有限，产业发展的前景也不是非常明朗，对人才的需求也不是很旺盛，但对

---

* 作者为上海市教育科学研究院高等教育研究所副所长。

人才的素质有较高的要求。高校尤其是高水平研究型大学要紧紧抓住高端人才需求，着力培养具有创新思维意识、创新能力素养和产业策划能力的人才，为未来产业提供高层次研发人才等。

未来产业进入应用阶段后，其潜在的产能开始释放，基本具备独立发展的能力，相应地，产业发展的核心人才亟须扩容，对人才的需求也逐步多元。高校一方面要适时优化专业结构，适度开设未来产业需要的目录外专业；一方面要创新人才培养模式，加大复合型人才培养力度，着力通过科教融汇和产教融合的途径，为未来产业发展提供量足质优的高素质复合型人才。

进入成熟阶段后，未来产业逐步发展成为先导性或支柱性产业，其关键技术或核心产品受到社会认可，围绕未来产业将会延伸或衍生出与之相关的诸多上下游产业，产品逐步系列化，需要更多应用能力强的"未来产业工人"。要针对未来产业发展需要的人才规格和规模变化，积极开展订单式培养，优化人才培养方案，将未来产业发展成熟的知识转化为最新的教学内容，并逐步强化学生的实习、实践和实训环节，缩短从毕业生到"产业工人"的转型时间。

当然，也要清醒地看到，由于未来产业具有不确定性，还存在失败的风险，因此高校在做好人才储备时要科学认清形势，把握分寸，坚持办学定位，不能一哄而上，既要做好以不变应万变的预案，也要有与产业发展及时共舞的心态；在人才培养方案上要强调通识教育与专业教育的融合，拓宽学生的素质面和能力点，增强学生灵活就业的适应力和竞争力。

以科技创新赋能未来产业发展

从根本上说，未来产业是依靠科技创新来驱动的产业。前沿性、变革性、高成长性是未来产业与传统产业的本质区别。高校是我国科技创新的主力军，要因势利导主动对接科技创新主战场，服务未来产业发展新技术需求。

首先，要以基础研究支撑未来产业。随着未来产业持续走深走实，将会遇到越来越多的理论障碍和原理困境。只有弄清楚基本原理，未来产业发展才会有胸有成竹的底气。高校是基础研究的主力军，在重大科技突破方面发挥着关键作用。培育和超前布局建设未来产业，要继续强化基础研究，系统推进原创性突破。要积极组织专家学者采用联合攻关的方式，及时为未来产业发展排"理论之忧"、解"原理之难"，从根源上解放和发展未来产业的生产力。

其次，要以未来学科支撑未来产业。未来产业是一个动态变化的概念，科技发展的不同阶段都会形成不同的未来产业。高校一方面可以在既有的学科目录内，重点发展交叉学科，拓展新的学科方向，延展新的学科领域，寻找新的未来产业突破点；另一方面，也可以结合国家重大战略需求，加大学科整合力度，着力发展代表学科发展方向的未来学科。

最后，要以成果转化支撑未来产业。未来产业发展不光是完全的技术创新，很多时候需要多方的技术集成，可能会遇到知识产权和技术转让的双重钳制。高校有扎实的基础研究成果，也有很多束之高阁的发明专利。不妨探索以低价或股权转让的方式，加快成果转化，从而为未来产业形成更多颠覆性技术提供合理的保障。

因势利导引领未来产业健康成长

培育和发展未来产业，不仅需要硬技术，还需要软实力及良好的创新生态。

一是以先进思想指导未来产业发展。未来产业是新生事物，需要前瞻性布局、整体性长远规划和系统性的政策支撑。高校可以依靠知识生产的优势，就培育和发展未来产业为政府部门建言献策，同时还可以协助制订未来产业规划，提供未来产业发展研究报告等，间接引导培育国家需要、人民期盼的未来产业。

二是推进大学文化与产业文化的融合。未来产业的培育和未来学科的建设，需要有与之相应的产业文化和学科文化，如对新生事物的接纳度、对失败的宽容度以及追求卓越的积极向上的心态等。高校要与行业企业等进行联合，积极面向广大教师和学生宣讲未来产业发展的方向，开展与未来产业发展相关的学科合作等活动。同时，要积极发展创新创业文化，鼓励学生在校内积极开展学术探索和技术创新，为未来产业发展提供良好的创新生态，促进未来产业持续涌现、健康发展。

（2024-04-01）

如何打造适应新质生产力发展的人才链？

黄烨菁　徐　徕[*]

习近平总书记在中共中央政治局第十一次集体学习时指出，科技创新能够催生新产业、新模式、新动能，是发展新质生产力的核心要素。在创新链、产业链、资金链、人才链的"四链"融合中，人才链建设无疑是贯穿创新要素整合和转化的关键，是我国人才强国战略的基础条件。培育符合新一代技术突破与创新需求的人才队伍、激励科技人员的创新动力、推动技术专家成长为科技型企业的企业家，不仅关乎新产业发展规划能否切实落地，也是实现新兴产业"以人为本"导向的新兴业态可持续发展的微观基础。

新技术产业链将引发人力资源的划时代转型

随着全球 AI 大模型技术、元宇宙等新兴技术的不断突破，我国制造业数字化、智能化升级进程的空间进一步扩大，同时相关国际竞争也更趋激烈，这对我国人才质量提升提出了更高

---

[*] 作者工作单位：上海社会科学院世界经济研究所。

要求。现阶段，我国科技人才总量和科技人才投入加速提升，人力资源的总体供给充分。从现实情况看，源自新技术和新经济模式的企业家队伍，大部分是来自高校和科研院所的科技专家。形成科学家到科技型企业的企业家之间的切换与良性对流，不仅是创新链与人才链融合的微观基础，也是现阶段新兴产业产业链补链与强链的重点。

当前新兴技术赛道呈现加速突破和迭代的态势，从技术创新到产业化落地，再到具备持续创新生态的产业链，更新迭代的速度越来越快，应用方向和场景不断被突破。新一代信息技术与传统行业结合空间广大，应用范围广、细分领域多，聚焦在通信网络、下一代物联网、新型平板显示、高端软件、高性能集成电路和三网融合等范畴。其中，以下一代物联网、三网融合为代表，作为数字经济的核心"赛道"，其产业化发展方向并不局限于特定一个产业，而是包含多个产业以及核心技术在内的产业集群。新一代信息技术产业的升级换代速度明显高于其他产业，尤其在电子信息工程、通信工程等专业为代表的电子与信息技术类领域，对专业人才的规模和质量都提出了全新的要求。根据我国《制造业人才发展规划指南》对 2025 年我国制造业十大重点领域人才的预测，高技能、高技术人才需求人数分别为：先进轨道交通装备领域 43 万人，航空航天装备领域 96.6 万人，节能与新能源汽车领域 120 万人，海洋工程装备及高技术船舶领域 128.8 万人。这部分人才从高校相应专业毕业进入相关产业工作岗位，仅仅是人才发展的第一步，更为关键的第二步是顺应制造业数字化、智能化和绿色化发展的大趋势，成长为一专多能、掌握熟练的实操能力和高度专业性研发素养的复合型人才。

新兴技术引领的产业链所具备的多重性和动态性，对人才链建设的"跨界、兼容、灵活、实操"的多目标路径提出了诸多命题，其核心是对人才质量的理念转变：高质量不仅源自学校教育形成的理论素养，还需要依托产业研发、创新激励与市场引导复合的多重驱动力，使得人才从合格的毕业生真正成为契合产业链、创新链需求的人力资源，真正转化为产业高质量发展的核心要素，为我国培育和发展新质生产力夯实基础。

人工智能产业为代表的新兴产业人才链优化方向

当前，全球新型工业化进程进入新发展阶段，涌现出一批凸显高度跨界且迭代迅速的新兴技术，包括计算机科学、人工智能、数据科学、虚拟现实等，这一态势对人才链的高复合型、高集成型和高自我学习能力，以及强大的理论与实操结合能力提出了非常高的要求。新兴产业人才供给结构需要紧密呼应产业需求结构升级，人才供给的数量、质量、规格、类型和分布等，都会因为产业结构的调整而进行相应调节。由此，摆在我们面前的一个重要命题是：未来我国人才培养规划转型目标应该是重视跨学科融合、打破学科壁垒，促进不同领域的知识交叉和合作，培养具备跨学科综合能力、专业复合度大、实践转化能力强和持续学习能力强的人才，将"实践导向""产学合作""持续学习理念"等贯穿于人才链建设的全过程。

围绕着 AI 技术创新相应的人才链建设，重点在于国家高校专业设置和人才培养模式的整体性改革，要紧紧围绕技术前沿、市场动态与产业化发展需求，开展人工智能学科交叉平台建设与理论和实操能力高度复合的人才队伍建设。我国智能科学技术本科教育的开端，可以追溯到 2003 年北京大学智能科学与技术专业的建立。在教育部公布的 2022 年版《普通高等学校本科专业目录》中，智能科学与技术专业为"特设"专业，放在计算机类专业之下，可授予理学和工学学位。在较长一段时间，国内大学人工智能专业人才主要集中在计算机、控制学和数学相关专业，近年来部分高水平高等院校积极探索跨领域、跨学科的人才培养，设置了 AI 与其他学科的交叉融合的 AI + X 微专业，由高校和国内外 AI 头部科技企业联合授课，专业涵盖如 AI + 医疗、AI + 教育、AI + 艺术等多个领域，如智能医学工程、智能制造工程、智能车辆工程、智能交通运输、认知智能等交叉学科融合专业。在技术迭代加速的背景下，对 AI 专业人才的需求不断扩大，亟待教育部门在更多应用型大学和职业院校专业设置上加强投入，围绕产业链重点难点与供应链安全的卡点堵点，把专业建在产业链和创新链上，根据产业需求，及时对专业设置和学生培养模式作动态调整，增加紧缺专业人才培养规模。

在中长期的引导政策上，需要以产业链为切入点立足供应链安全，有针对性地梳理企业在各环节的用工需求，并前瞻性地捕捉新兴产业的动态变化趋势，预先研判以 AI 技术为代表的国家战略性新兴产业的岗位需求。根据海外发展经验，AI 人才的培养将高度依托专业技能人才的终身学习体系。AI 产业等新兴产业的人才培养需要因产业变化而动态变化，这就要求对创新创业教育的人才培养层次、体系、制度与课程进行顶层设计，促进人才培养范式的深度改革。完善"新八级工"职业技能等级制度，开展特级技师、首席技师评聘，制定高技能人才层级管理办法，打破制约人才成长的"天花板"。打造技能人才终身学习体系，依托产业园区及产教融合基地，面向新业态、新职业、新岗位，吸纳在岗技能人才"回炉再造"，与时俱进开展技术技能培训。

人才链补链对应用型高校建设提出新要求

近年来，教育部多次制定文件要求持续推进应用型大学建设。高水平应用型大学的学科建设目标与新兴产业需求动态之间高度契合，需要牢牢把握新兴产业数字化和智能化的核心需求，灵活及时地对高校的人才培养规划加以调整，对学校的专业设置和人才培养模式作深度匹配。同时增强基于社会和市场需求的专业建设的灵活性和适应性，并以此推动高水平师资队伍建设、高水平成果转化和应用、高水平应用型人才培养等各方面工作，进而带动学校改革和事业发展全局，最终实现高水平应用型人才的输出。

现阶段的重点是国家职业本科教育的升级发展。按照中共中央办公厅、国务院办公厅印发的《关于推动现代职业教育高质量发展的意见》，到 2025 年，职业本科教育招生规模将不低于高等职业教育招生规模的 10%，纵向贯通、横向融通的教育体系将更加完善，引领高职、拉动中职高质量发展的作用将进一步凸显。在新发展阶段，面向贯彻落实习近平总书记"稳步发展职业本科教育"的重要指示精神，学校应加强专业与产业对应、专业群与产业链对应，以契合当前技术创新趋势和技术预见的专业体系建设支撑并引领产业链的发展，推动专业人才培养与产业人才需求的精准对应。

新兴产业的产业链竞争背后是重要人才中心和创新高地的竞争，是顶尖人才集聚度的竞争。面对这一重任，我们需要重点瞄准关键核心技术，特别是破解"卡脖子"关键技术的研发需求，多措并举，推进新时代产业链、创新链所需要的人才链补链与强链，实现人才链建设与产业链升级之间的良性互动，提升优秀人才配置和一流人才培养造就能力，从而提升我国新兴产业的国际竞争优势。

（2024-04-16）

加速新质生产力效能释放，推动长三角一体化发展取得更大突破

魏　翊　张树平*

2024 年《政府工作报告》将"大力推进现代化产业体系建设，加快发展新质生产力"列为今年首要政府工作任务。长三角地区是我国经济发展最活跃、开放程度最高、创新能力最强的区域之一，推动长三角一体化发展取得更大突破，需要在加速新质生产力效能释放方面走在前面、作出表率。

一、推动区域内政府间政策协调融合，助力长三角新质生产要素培育与供给

在推进长三角区域一体化发展、培育和供给新质生产要素方面，地方政府是十分重要的行动主体。

1. 以政府间协同合作提升政策效益

为加强科技创新和产业创新跨区域协同，应提升区域内地方政府间产业政策协调融合水平，促进有为政府动能集中聚合发力，逐渐摆脱过往各自为政的路径依赖，克服政策制定与实

---

* 作者工作单位：上海社会科学院政治与公共管理研究所。

施过程中的"合成谬误"问题，多做政策上的加法与乘法，实现多行政主体合作下的政策互嵌、政策协同与政策统筹，从而形成政策效益的"规模效应"。

2. 以有效竞争激发企业创新势能

习近平总书记强调，发展新质生产力要防止一哄而上、泡沫化，也不要搞一种模式。在加快发展新质生产力方面，政府引导基金应引导行业龙头企业之间开展充分竞争、有效竞争，以竞争促发展、求创新、积优势，同时应避免产业重复布局和过度内卷式竞争，以降低资源使用的分散化，从而减少不必要的资源浪费。为此，要牵住龙头企业这个"牛鼻子"，依托供应链联动效应，将龙头企业之间开展有效竞争催生的创新势能辐射至上下游中小型配套企业，进而由市场主体从产业链内部驱动有效资源配置，做到产业链整体优化升级。

3. 以科教优势培育新质生产力人才

发展新质生产力，关键在人才。要利用好长三角区域科研教育资源丰富多元的优势，注重培养包括工程技术型人才、数字创新型人才和知识服务型人才在内的各类新质生产力人才。在对与战略性新兴产业、未来产业的研发与生产直接相关的自然科学领域进行重点投入外，也应对一些研究相关产业发展外部性的社会科学领域给予一定的关注和支持，从而为新兴产业、未来产业的健康长远发展提供持续的智力支持和人才保障。

二、发挥畅通经济大循环引擎功能，实现发展新质生产力与释放内需潜能相协同

推进长三角区域一体化发展，加快发展新质生产力，归根

结底是为了满足全体人民日益增长的美好生活需要。为此，要发挥长三角畅通经济大循环的引擎功能，实现发展新质生产力与释放内需潜能相协同。

1. 以内需主动力畅通国内大循环

习近平总书记要求长三角区域要努力成为畅通我国经济大循环的强大引擎。在当前国内有效需求不足、国内大循环存在堵点的情况下，推进长三角区域一体化发展，必须坚持深化供给侧结构性改革和着力扩大有效需求协同发力的总体方针，在发展新质生产力过程中充分释放内需潜能，进而以内需为主要动力打通阻碍国内大循环的多处堵点。

2. 以收入分配制度改革释放消费潜能

与世界上其他国家相比，我国居民消费占 GDP 比重相对偏低。消费与生产之间的矛盾，意味着要使长三角区域一体化充分发挥畅通经济大循环的引擎功能，就需要将新质生产力更加切实具体地作用于我国居民物质福利水平的提升上，在收入分配制度改革中积极探索提升居民收入的机制路径，进一步贯彻以人民为中心的发展思想，将发展为了人民、发展依靠人民、发展成果由人民共享落到实处。

3. 以积极财政举措提振市场信心

要继续加大对公共服务和基础设施建设的投入，要以高标准高要求推进各领域公共服务便利共享，以高水平高质量实现基础设施互联互通。政府要拿出因地制宜的政策措施和真金白银来提振市场信心，鼓励居民消费。如上海为加快国际消费中心城市建设，提出"首发经济"概念，通过支持具有引领性的国内外品牌来沪首发首秀首展拉动城市消费。与此同时，要夯实地方政府财政基础，进一步探索和完善长三角区域内股权财政运作模式，构建区域发展共同体，改进基建投融资体制。一方面要引导企业履行社会责任，承担社会义务；另一方面也要为投资需求创造稳定预期。

三、迈向长三角产业集群 2.0 版本，锻造中国新质生产力出海的"新型航母战斗群"

当前，世界百年未有之大变局加速演进，经济全球化面临新的暗流与险滩，逆全球化、贸易保护主义势力有所抬头。在推进长三角区域一体化、加快发展新质生产力时，应积极主动应对外部不利因素的冲击。

1. 以产业集群化促进"三链"协同

面对外部环境的不确定性加大，长三角应在更大范围内联动构建创新链、产业链、供应链。为此，要加快突破关键核心技术，构建有益于创新链形成发展的生态，统筹推进传统产业升级、新兴产业壮大、未来产业培育；要进一步提高产业链、供应链分工协作水平，充分发挥长三角产业体系完备和配套能力强的优势，以产业集群化促进"三链"协同；在强链补链中增强韧性，提升供应链系统快速灵活响应能力和连接能力，在正常生产活动中降本增效，逐步积累产业竞争优势，同时在遭遇紧急状况时能迅速动员响应化解断链风险，保障供应链安全。

2. 以一体化发展提高出海战斗力

应推动长三角产业发展向着产业集群 2.0 版本迈进，着力形成中国制造的"外线作战"能力。长三角区域是我国参与国际竞争合作的重要平台，是联通国内国际双循环的战略枢纽。应充分发挥长三角区域善于调动国内、国际两方面资源的区位优势，进一步将长三角区域建设成为中国企业集群式出海、全环节出海的策源地与后勤补给基地。要以高质量一体化发展、政产学研多层面跨领域协同发力的方式，锻造中国新质生产力出海的"新型航母战斗群"，促进长三角一体化发展和共建"一带一路"高质量发展深度融合。

（2024-05-14）

发展新质生产力高校能做什么？

张　林[*]

发展新质生产力是推动高质量发展的内在要求和重要着力点。习近平总书记关于发展新质生产力的重要论述，具有鲜明的时代性、开创性、高度引领性和实践性特点，对于我们认识和把握我国经济社会发展脉搏，具有十分重要的指导意义。

发展新质生产力，高校义不容辞。作为人才集聚的高地、人才培养和科技创新的基地，高校要认真学习贯彻习近平总书记关于发展新质生产力的重要论述，把握新质生产力的本质和特点，更好地肩负人才培养、科学研究、社会服务、文化传承与创新、国际交流与合作的重大使命，充分发挥高校对于新质生产力发展的引领、支撑和促进作用，努力为推动我国经济社会高质量发展贡献力量。

全面增强发展新质生产力的高校新动能

党的二十大报告指出，教育、科技、人才是全面建设社会主义现代化国家的基础性、战略性支撑。高校作为国家创新人才培养的基地和重大原始创新成果的策源地，肩负建设教育强

＊　作者工作单位：上海立信会计金融学院。

国、科技强国、人才强国的重任。面向未来，高校要心怀"国之大者"，充分发挥国家创新人才培养、基础研究和应用基础研究的主力军作用，全面打造国家重大原始创新成果产出的高地，努力为我国新质生产力发展、中国式现代化建设再增动力、再立新功。

一要高举科技创新大旗，勇做科技创新的支撑者和贡献者。高校是科技、人才、创新的融汇点，是国家创新体系的重要组成部分。要坚持以科技创新为引领，促进教育、科技、人才的良性循环，努力营造科技创新的良好社会氛围。要加大对基础研究和应用基础研究的投入，力争取得更高质量的基础研究成果，切实筑牢国家科技创新和产业变革的基石。要推动高校原创性、颠覆性科技创新成果竞相涌现，进一步提高高校科技成果的产出率和转化率，全面增强发展新质生产力的高校新动能。

二要持续完善产业体系，勇做产业创新的引领者和推动者。科技创新引领产业发展。要充分发挥高校"全学科、全产业"链接优势，进一步引领创新链、产业链、资金链、人才链"四链融合"发展。要积极推动社会科技创新成果转化和应用，助力国家完善现代化产业体系，保障国家产业链、供应链安全。要重点围绕新型工业化和建设制造强国、质量强国、网络强国、数字中国和农业强国等战略任务，加强学科布局和科研攻关，推动产业创新，促进数字经济和实体经济深度融合，着力打造高质量数字产业集群。

三要厚植绿色发展底色，勇做绿色发展的倡导者和实践者。绿色发展是高质量发展的底色，关乎人类未来。要深入贯彻绿色发展理念，把绿色发展融入办学治校的全领域、全过程，坚持走绿色、低碳、环保的办学之路，大力倡导绿色健康生活方式。要积极推动绿色科技创新和绿色技术应用，促进绿色制造、绿色服务、绿色能源等产业发展，助力国家构建绿色低碳循环经济体系。要加强绿色金融研究，力争产出更多更好的绿色金融研究成果，发挥绿色金融牵引作用，助力打造高效生态绿色产业集群。

全面提升高校人才培养的质量和水平

人是科技创新的关键因素，创新的事业呼唤创新的人才。高校应全面提升人才培养的质量和水平，为发展新质生产力提供人才支撑。

首先，要以新知识培养新人才。知识改变命运，新知识孕育新动能。以新知识培养新人才就是要在学生掌握基本知识和技能的基础上，全面讲授新知识、新理念、新方法，以科学前沿知识激发学生兴趣爱好，增强学生学习动力，引领学生拥抱新时代、展现新作为。

其次，要优化人才培养模式。人才培养模式决定人才培养质量。优化人才培养模式就是要在构建学生系统知识的基础上，大力培养学生解决实际问题的能力，切实提高学生综合运用知识的水平，努力为新质生产力发展培育更多、更好的高素质劳动者。

再次，要着力培养创新型人才。培养创新型人才就是要大力培养学生的创新意识。为此，应全面开设创新创业训练课程，充分发挥校企协同育人功能，全周期培育学生创新创业项目，大力提升学生的自主创新创业能力。此外，要始终秉持以学生为本的理念，坚持"五育并举"，高度重视学生的思想政治理论和心理健康教育，极大丰富学生的创新理论与实践活动，积极培育学生的人文艺术修养，全面提高学生的身体素质和体育运动水平，助力学生高质量就业，更好地服务学生终身学习和可持续发展能力提升，夯实新质生产力发展的人才根基。

为企业发展新质生产力提供支持

发展新质生产力，企业是重要市场主体。作为人才培养的基地，高校要"开门办学"，为企业发展新质生产力输送高质量人才。

要积极对接企业的人才需求，调整学科专业设置，制定符合企业要求的人才培养计划。大力开展校企联合培养，努力把企业的优质资源整合到人才培养全过程。要深入推进"企业订单班"人才培养模式改革，积极打造"培养、就业、创新"全周期人才培养链条，持续为企业提供"产销对路"的高品质人才。

企业创新的关键在于研发。高校的学科和人才优势，可以有效地帮助企业提高研发能力。要深入开展基础研究和应用基础研究，坚持以基础研究和应用基础研究的重大突破来孕育企业科技创新的未来。要上门服务，主动作为，积极对接企业研发需求，向企业输送研发团队、技术团队，大力开展校企联合攻关，努力为企业研发提供关键技术支撑。要促进企业研发成果向现实生产力转化，把创新成果转化为具体的产业活动，更好地实现企业创新与国家经济发展的良性互动。

企业创新是一项系统工程，需要多方面支持。高校要充分整合校内外资源，多角度服务企业创新发展。要发挥管理学科优势，增强企业的战略管理能力，实现企业战略和自主创新的互融共生。要发挥组织学科优势，优化企业组织结构，搭建企业创新平台，增强企业组织服务创新的功能。要发挥多学科优势，激发企业创新主体意识，帮助企业掌握更多的信息资源，更好地实现融资目标，更好地打造品牌，更好地保护知识产权等，努力为企业发展新质生产力提供坚强支撑。

（2024-02-29）

新质生产力
与新动能

摆脱传统经济增长方式，新质生产力为中国式现代化注入强大动能

甘梅霞　鲍宇昕 *

高质量发展是全面建设社会主义现代化国家的首要任务，发展新质生产力则是推动高质量发展的内在要求和重要着力点。"新质生产力"的提出，是对马克思主义生产力理论的新发展，为全面推进中国式现代化注入强大动能。

发展新质生产力是推进中国式现代化的必然要求

党的十八大以来，我国高质量发展取得明显成效。但是不可否认，制约高质量发展的因素还大量存在。

从国际上看，世界经济形势依然低迷，叠加地缘政治冲突、新冠疫情的"疤痕效应"，世界各国纷纷转向经济本土化发展，国家安全概念泛化，保护主义和单边主义上升、民粹主义抬头、经济逆全球化、产业链供应链区域化碎片化更趋明显。发达国家推动以"回岸""友岸""近岸"为主要特征的"三岸分流"，新兴经济体则加大承接产业转移力度。

* 作者工作单位：上海市习近平新时代中国特色社会主义思想研究中心、中共上海市委党校马克思主义学院。

从国内看，近年来，我国劳动、土地、资本等要素驱动型发展方式已经暴露出脆弱性，生态环境承载力已经接近或达到上限。当前，我国经济发展还面临前进中的问题、发展中的烦恼。例如，关键核心技术"卡脖子"问题仍然突出，部分新兴行业存在重复布局和内卷式竞争等。

因此，只有大力发展新质生产力，才能更有针对性地加快补上我国产业链供应链短板弱项，确保国民经济循环畅通，增强国内大循环内生动力和可靠性，提高国际竞争力，增强对国际循环的吸引力、推动力，加快构建新发展格局。

新质生产力是对中国高质量发展实践的理论提炼

新质生产力在实践中已经形成或展示出推动高质量发展的强劲动力。2023年，全国新质生产力行业增加值占比10.7%，数字经济对经济高质量发展的驱动作用显著，成为稳定经济增长的关键动力。

人工智能作为发展新质生产力的引擎，是新一轮科技革命和产业变革的核心驱动力量。数据显示，2023年我国生成式人工智能的企业采用率已达15%，市场规模约为14.4万亿元，人工智能以强劲的势头赋能于各个行业，使制造模式、生产方式和产业形态产生了深刻变革，成为引领产业发展的新方向，为中国经济的高质量发展提供了强劲的发展动能。

绿色经济作为新质生产力的重要内容，已经显现出巨大的生命力。2023年，生态环境领域"十四五"重大工程台账系统纳入项目1.2万个，完成投资6000亿元；可再生能源发电首次以装机容量过半的占比超过火电装机；新能源汽车的产销量连续9年位居世界第一。绿色低碳转型程度不断加深，助推我国加快形成绿色低碳生产方式和绿色健康的生活方式，为解决人与自然之间的矛盾提供了治本之策。

西方主流经济学理论认为，经济增长的动力来源是三种基本的生产要素——劳动、土地和资本。传统经济增长方式就是通过增加这三种基本生产要素的投入来促进供给曲线的外移。但是，受到资源稀缺性的约束，以及边际生产力递减规律的影响，传统经济增长方式存在明显的局限。摆脱传统经济增长方式，主要有三条路径：一是增加新的生产要素投入，例如数据生产要素；二是产业结构高级化，将传统生产要素配置到更高效的产业；三是科技赋能，提升劳动者、劳动资料、劳动对象本身的生产力。而新质生产力整合了上述三个方面，并且结合中国实际作了丰富和发展，体现了重大理论创新意义和实践指导意义。

正确理解"新质生产力"要把握好六个方面

习近平总书记关于"新质生产力"的重要论述，回答了在推进中国式现代化进程中需要怎样的生产力、怎样发展这种生产力的时代课题，丰富和拓展了习近平经济思想，开辟了当代中国马克思主义政治经济学新境界，为新征程中中国高质量发展新实践提供根本指导。正确理解"新质生产力"，要把握好以下几个方面：

第一，党的领导是保障。中国共产党始终代表着先进生产力的发展方向，党的领导是新发展阶段推进新质生产力的本质特征、最大优势和根本保证。发展新质生产力必须坚持党的领导，围绕国家战略需求，把政府、市场、社会有机结合起来，明确主攻方向和核心技术突破口，科学制定发展规划，科学统筹、集中力量、优化机制、协同攻关，保证和引导产业之间、部门之间的平衡协调发展，把党的领导优势不断转化形成新质生产力的发展动能，为新质生产力的高质量发展注入源源不断的生命力。

第二，数字化、智能化、绿色化是方向。培育和发展新质生产力，必须不断评估研究科技创新、产业发展、资源配置的动态，准确把握未来发展的方向和重点，避免在发展重点产业的布局上出现战略失误。当前，以人工智能、量子技术、生命科学为代表的新一轮科技革命和产业革命加速发展，以低碳节能环保为标志的绿色发展推动生产消费加速转型，为新质生产力发展指明了方向。数字技术作为新质生产力发展的内在驱动力，必须深化大数据、人工智能的研发与应用，紧紧抓住数字化转型的机遇，用数字化变革推动数字经济高速发展。同时，绿色可持续发展是新质生产力的内在特征，新质生产力的发展应深度融入绿色化，绿色发展要强调维持生态平衡、加快绿色科技创新和先进绿色技术推广应用，构建绿色低碳循环经济体系，促进人与自然和谐发展。

第三，科技创新是动力。培育和形成新质生产力的关键在于创新。以新质生产力推动高质量发展，加快实现高水平科技自立自强，打好关键核心技术攻坚战，要求我们聚焦科技创新特别是颠覆性科技创新，培育发展新质生产力的新动能，加强科技创新资源统筹，提升国家科技创新整体效能，推进科技与经济深度融合，推动更多创新成果从实验室走向生产线，将科学技术转化为生产力，从而为加快形成新质生产力提供持续动能。

第四，现代化产业体系是载体。科技成果只有产业化才能成为社会生产力。当前，我国科技支撑产业发展的能力不断增强，为发展未来产业奠定了良好基础。要紧紧抓住新一轮科技革命和产业变革机遇，以科技创新为引领，及时将科技创新成果应用到具体产业和产业链上。围绕新质生产力进行产业链布局，注重抢占制高点，推动传统产业向高端化、智能化、绿色化深度升级改造。科学培育壮大战略性新兴产业和未来产业，形成产业链的创新联动效应。大力发展数字经济，使数字经济与实体经济深度融合，打造具有国际影响力的数字集群，从而促使整个现代化产业体系向更高层次迈进。

第五，高水平开放深层次改革是前提。培育发展符合新发展理念的新质生产力必须实施更大范围、更宽领域、更深层次的对外开放。加快构建新发展格局，将国际国内两种资源两个市场都利用好，拓宽中国产业的国际市场发展空间，以新质生产力深化国际合作，形成内外联动的合力效应来发展新质生产力。积极融入和引领全球开放创新生态，聚合全球更高质量的资源要素，充分参与全球产业分工与合作，形成更强大的新质生产力，不断提升中国的国际吸引力、影响力与带动力。

激活人才红利是基础。作为生产力的基本要素和科技创新的实施主体，劳动者的创新能力和综合素质是加快形成新质生产力的基础。习近平总书记强调："要根据科技发展新趋势，优化高等学校学科设置、人才培养模式，为发展新质生产力、推动高质量发展培养急需人才。"人才是高质量发展的第一资源。教育是人才培养的主渠道，坚持教育优先发展是加快形成新质生产力的重要举措。实施人才强国战略，强化创新意识培养，提高学生综合素养，促进其全方位发展。坚持人才引领驱动，打造新型劳动者队伍。聚焦人才从参与工作到产出成果的全过程，以服务人才为引导，不断完善人才评价机制和引进机制，深化人才发展各环节体制机制改革。

（2024-03-22）

不只是技术迭代，Sora 带来的是一场深刻变革

杨小康[*]

近期，OpenAI 发布了文生视频大模型 Sora，人工智能技术又一次有了质的飞跃，再次引起了轰动。生成式人工智能代表了新时期人工智能的发展方向，它将重构人类未来。

回顾历史，人工智能发轫于 1956 年，是一种模拟人类智能的技术，通过机器学习、深度学习、自然语言处理等技术实现了在数据处理、模式识别、决策推理等方面的自动化和智能化。2013 年，深度学习技术在语音识别、视觉识别等任务上取得重要突破。此后 10 余年，人工智能场景融合能力不断提升，人工智能技术在全球范围内得到了广泛应用和发展。

Sora 模型有什么特点？当前人工智能有何发展趋势？Sora 代表的人工智能技术对社会有哪些影响？我们又该如何应对？

Sora 的特点：真、灵、动

人工智能主要可以分为判别式人工智能和生成式人工智能

* 作者为上海交通大学人工智能研究院常务副院长、教授，人工智能教育部重点实验室主任。

两大类模型。判别式人工智能学习从输入数据到输出标签的映射关系，我国在视频监控、语音识别等判别式人工智能的应用上取得了巨大成功，它造就了我国人工智能过去十年的辉煌。然而，判别式人工智能的瓶颈日益凸显，主要问题在于难以保证通用性。生成式人工智能则是通过学习实现对输入数据的生成和创造性任务的人工智能技术。自 2022 年以来，以 ChatGPT（AI 对话）、Midjourney（AI 文生图）、Sora 等为代表的生成式人工智能通过综合运用大数据、大算力、大模型，展现出惊人的创造能力、通用能力、涌现能力。

Sora 模型的特点可以总结为"真、灵、动"。所谓"真"，是指 Sora 生成的视频真实感强，能够很好地表现提示词的内容语义，视频细节呈现得恰到好处。"灵"是指生成的视频有一定的灵性和艺术性，Sora 生成的短视频无论是质量还是艺术性都有一定的保证。"动"就是视频中运动的场景和物体的结构性和时空关联性很好。

那么，从技术角度说，Sora 是如何体现上述特点的呢？

Sora 通过扩散模型（Diffusion model）来实现"真"和"灵"。扩散模型是一种借鉴物理热力学中扩散原理的生成模型，通过加噪、去噪，实现由文本驱动图像生成。当然，大数据对于扩散模型的训练也非常重要，Sora"看"过大量高质量的图像，"阅图无数"让扩散模型能够学到很精细的特征，从而根据提示词生成细节精细的图像。

Sora 的"动"则是有赖于 Transformer（通常翻译为"变形金刚"或"变压器"）。Transformer 就是 GPT 里面的 T，它本质上是具备"自注意"和"自监督"学习能力的新型神经网络。首先是"自注意"，比如输入"东方明珠是上海的标志性建筑之一"这么一句话，Transformer 通过"自注意"机制能够自动学习"东方明珠"和"上海"之间的关系，不仅能够注意到"东方明珠"是一个特定的名词，而且还能注意到它与"上海"及其"著名地标"之间的关联性。"自监督"指的是，在一篇文章中随机遮掉一定比例的单词或者句子，让 Transformer 自我监督，学会做完形填空（填上"东方明珠"这个名字）、句子接龙（接上"东方明珠是上海的标志性建筑之一"这个句子），甚至其他更复杂的任务。之前机器学习的主要瓶颈就是学习数据不够，在具备了"自监督"学习能力之后，人类所有的语言数据都可以用于训练人工智能模型。GPT、BERT 等大语言模型都基于 Transformer。在 GPT 等大语言模型基础上，Sora 先将视频表示为图像块（Patch），再用图像块来代替文字输入 Transformer，就能够学到物体跟物体、人跟物体、人跟人、光跟影等之间的关系。

总之，基于扩散模型和 Transformer，Sora 能够实现"真、灵、动"。另外，Sora 通过大算力和大数据使得它的性能能够持续地提高，模型能力随着参数的增长而增强，并呈现出强大的推理能力。

OpenAI 公司能够把人工智能的数据、模型、算力的规模和性能在如此短的时间内提升到当前的程度，是令人惊讶的。这反映了目前人工智能技术的一个趋势——"迭代速度越来越快"，其背后可能有一个"AI 摩尔定律"在驱动。OpenAI 首席执行官 Sam Altman 最近提出"宇宙中的智能数量每 18 个月翻一倍"，被称为"AI 摩尔定律"。Midjourney、DALL-E3 等文生图大模型兴起时间不长，短短一年左右时间，Sora 在文生视频技术上就又有了质的飞跃，这在某种程度上佐证了"AI 摩尔定律"。有理由相信，"AI 摩尔定律"在相当长的时期内可以得到延续。

生成式人工智能正在成为新质生产力

以 Sora 为代表的生成式人工智能被比尔·盖茨等人称为"最具革命性技术"。生成式人工智能作为新质生产力，正从广度和深度上影响人类发展。

在广度上，生成式人工智能正在成为"人机共生"时代的新型生产力。具体而言，在办公方面，微软公司将大模型嵌入 Microsoft 365，打通了整个微软办公生态，帮助用户解锁生产力，释放创造力，升级各种技能。在编程领域，人工智能代码提示工具 GitHub Copilot，可以为开发者提供约 46% 的代码提示和自动补全，程序开发效率提升 55%。在工业领域，大模型可以用于机器人控制，直接利用自然语言操控无人机、机械臂。在服务业领域，ChatGPT Plugin 涵盖了订票、点餐等功能。此外，生成式人工智能正在引发搜索引擎的变革，微软最近推出 New Bing 的试用版集成了 ChatGPT，新增连续聊天功能，从具有事实来源的网页中总结归纳出答案，并且反馈用户可能进一步关心的问题。可以说，大模型将是人工智能时代的"操作系统"，承载并协同众多的人工智能插件、垂直领域模型；通过大模型的 API 连接现实世界和智能机器人，优化产品设计、工业物流、制造流程、市场营销、组织管理等，从而显著提高生产效率。因此，生成式人工智能作为新型的生产力，正在全方位地融入人类的工作、生活、学习、科研，显著提升效率和质量，一个"人机共生"的时代已经拉开序幕。

同时，生成式人工智能正在形成新的创造力。以电影产业为例，Sora 为代表的文生视频技术将重构影视行业。在传统电影创作流程中往往存在一个"绝望的深渊"，即电影从创意到初稿通常会有一段特别痛苦的时候，初稿很难制作出来，从而导致创作拖延。现在，利用 Sora 这样的文生视频技术就可以快速推出创意初稿，后续的改进和迭代也得以加速。这样的技术还有望帮助生成流体、烟雾、毛发等高度复杂、具有真实感的动态效果，减少特效艺术家的人工干预，特效制作和后期制作的时间得以显著缩短。一个更新的应用例子是，生成式人工智能正在成为开拓元宇宙、构建世界模型和生产数字人的强大工具。元宇宙的核心功能是对物理世界的模拟和人的虚拟化，生成式人工智能可以实现人和物的虚拟化、促进虚实融合，实现效率和体验的提升。世界模型指的是现实物理世界的模拟器，Sora 生成的视频在视觉上很大程度与现实物理世界具有一致性，尽管它还不具备真正理解内在物理规律的能力，但是它也可以被视为对现实世界的某种广义模拟。最新的生成式人工智能技术已经可以制作高拟真、规模化的三维虚拟数字人，简化三维建模流程，提升渲染真实感。未来的生成式人工智能技术将进一步结合科学规律，使得物理世界的模拟更逼真，数字人更丰满、更立体，数字人与世界模型能够有效交互。

在深度上，生成式人工智能正在加速科学发现。在生物、化学、医药等领域，大模型可以将分子式、基因序列、蛋白质结构视为一种形式化的语言，并已取得多项颠覆性成果。众多的重大科学突破和国内外的发展趋势，预示着 AI for Science 正在成为赋能科学研究的第五范式（利用人工智能加速科学发现的新方法）。与前四种范式（经验、理论、计算和数据）不同，AI for Science 不仅充分运用已有的经验、理论和数据，而且生成全新的科学假设和逼真的自然现象，推导出未知的结论，提高科学研究的速度和准确性，探索更广阔的可能性空间。相对于日常生活领域的 AIGC（人工智能生成的内容），科学领域的生成式人工智能模型对于人类进步的意义更为深远，从微观的分子及物质结构生成，到中观的流场和反应过程建模，再到宏观的大气、行星、黑洞等物理天文现象推演，将从本质上推动科学发展。

"三条线"策略应对人工智能发展带来的挑战

Sora 代表的生成式人工智能技术在带来机遇和变革的同时，也带来了潜在的风险和挑战。面对这样的环境，我提出"三条线"的应对策略，即守住底线、提升基线、打开天际线。

一是审慎地守住监管的底线。从技术的角度看，目前的生成式人工智能及大模型基于概率统计模型的神经网络结构和试错迭代的强化学习机制，要做到完全不犯错误几乎是不太可能的，其发展需要"宽严相济"的环境。"宽"是指在模型训练和研发阶段需要一个相对宽松的、容错的技术创新环境；"严"是指在实战应用的环节需要严格的警示和监管手段。面对生成式人工智能带来的风险，需要审慎地制定规范，从而守住底线，包括安全、隐私、合规、版权、诚信等。首先，要严格防范深度造假等违法行为。由于生成式人工智能技术降低了深度造假的技术门槛，犯罪分子可以以很低的成本实施诈骗、传播虚假新闻，从而扰乱社会秩序，危害社会安全。以短视频传播假新闻为例，之前造假者可能还得具备撰写新闻的基本知识和拍摄视频的专业设备，而现在可以轻易利用大语言模型生成新闻文本，进而用文生视频大模型输出短视频，从而使得制作假新闻短视频的门槛大大降低。其次，要适当警示 AIGC 的技术风险。由于目前的生成式人工智能技术本质上是一个"黑箱"模型，尚不具备完全的可信性，在一定程度上会产生夸张、误导、错误的信息，某些中性甚至是善意的信息都存在被生成式人工智能技术意外曲解的风险，相较于恶意行为，这类风险的涉及面更广、更难防范，也更难被定义。政府在应对这些新问题和新挑战时，需要及时完善综合治理体系，结合技术发展趋势形成系统的规范体系，包括网络安全、数据安全、个人信息保护等。再次，要建立 AIGC 内容的监测工具箱：（1）对伪造的文字、语音、视频等进行有效甄别的工具；（2）对短视频和文字新闻等 AIGC 进行标示的工具和措施；（3）对 AIGC 进行追溯的数字水印工具。

二是包容地提升普及的基线。生成式人工智能是新型生产力和创造力，它在诸多行业中可以极大地提升工作效率，引发行业变革。应对这种新的趋势，需要包容、普惠地推广生成式人工智能技术，提升全民运用生成式人工智能的基线，全面提升社会生产效率。通过科学普及，让民众了解人工智能技术，消除对人工智能的偏见、误解、神化、妖魔化，让民众无需花费大量的时间和金钱成本，就可以利用人工智能工具提升学习、工作、生产、生活的效率。通过教育培训，培养一批人工智能数据工程师、AIGC 工程师、元宇宙设计师、数字建造师等新型人才，创作适应人工智能发展的新的工作岗位。全面提升基线，让民众积极地去接受、去拥抱、去利用生成式人工智能，从而大规模地释放新质生产力，带来新的创造力。

三是积极地打开创新的天际线。面对日新月异的人工智能技术所带来的世界变革，我们不能只满足于做追随者、使用者，更要凝聚力量成为人工智能技术的全球创新引领者。产业精英、科研机构和高校等要在底线和基线之上，打开人工智能无限可能的天际线，努力开拓产业前沿和科学前沿。

要做到打开产业的天际线，我们需要先明确当今时代人工智能技术的三个核心要素，即大算力、大数据、大模型。这三条核心要素在本质上非常契合于我国发挥新型举国体制促进人工智能发展的优势。在大算力方面，国产 GPU 正在发力，区域乃至全国的算力网正在形成。在大数据方向，正在建立可信数据联盟。在这样的环境下，国产大模型争相涌现，呈现"百模大战"的态势。从 2023 年底开始，十多个大模型陆续通过《生成式人工智能服务管理暂行办法》备案。在百花齐放、大浪淘沙的态势下，竞争终将形成合力，国产大模型在功能和性能上有望缩小跟西方发达国家的差距。通过顶层设计、相容激励、有序引导，从容应对 Sora 带来的新一轮冲击，国产大模型一定可以"大力出奇迹"。除了产业之外，科学技术是第一生产力，人工智能也正在为科学研究开拓无尽的前沿，这需要在国家层面构筑智能化科学设施，形成自发假设生成、自动规律推演、自主无人实验、自驱可信协作等创新功能，加速重大科学发现、变革性物质合成，以及重大工程技术应用。

总之，生成式人工智能带来的不只是技术迭代，而是一场深刻变革。社会各界应共同努力，守住底线、提升基线、打开天际线，积极、包容、审慎地应对生成式人工智能的发展。展望未来，我国发挥新型举国体制优势，营造宽严相济的创新环境，虚拟和现实深度融合，创新和监管有效协同，生成式人工智能将激发新质生产力，从而促进数字经济发展和科学技术进步。

（2024-03-10）

打通颠覆性技术创新堵点，
加快发展新质生产力

胡　雯[*]

习近平总书记指出，要以科技创新推动产业创新，特别是以颠覆性技术和前沿技术催生新产业、新模式、新动能，发展新质生产力。颠覆性技术是新质生产力形成和发展的基础要件，能够通过技术变革性突破加速新兴产业涌现，通过创新链产业链协同推动绿色化数字化双重转型，通过构建新型生产关系赋能新旧产业深度融合。

第四次工业革命背景下，以人工智能、大数据为代表的本轮颠覆性技术，正在以前所未有的速度由研发阶段向应用阶段演进，表现出远甚于前三次工业革命的发展步伐和规模，同时展现出区别于以往的新特点，即更高程度的不确定性、更大范围的颠覆性、更不均衡的赋权特征。

颠覆性技术创新驱动的关键堵点

当前，颠覆性技术创新对经济发展质量和增量的战略支撑

---

　*　作者工作单位：上海社会科学院信息研究所。

作用仍未充分发挥，赋能通路尚存堵点亟待疏通。

第一，制度供给时机与颠覆性技术发展节点之间未能有效匹配，造成政策效率损失。

在颠覆性技术加速涌现的过程中，对制度供给的变化高度敏感。政府在应对情况变化时的适应能力不强，政策响应存在问题，导致制度供给和创新需求在时间维度上无法有效匹配，难以为原始创新策源和技术变革性突破提供加速度。一方面，产业规划响应若明显超前于新兴概念验证和主导设计发展，容易造成一拥而上、概念炒作、新瓶旧酒等乱象；另一方面，政府监管响应若明显滞后于新兴技术发展，规范和标准缺失，可能导致新业态忽视安全野蛮生长，技术负向外部性造成的社会损失难以弥补，进而阻碍新技术市场化发展。因此，政策干预时机的识别是其中的重点和难点，既不能"拔苗助长"放大挤出效应，也不能"无为而治"错失先发优势；既不能"一禁了之"盲目限制发展，也不能"一放了之"无视潜在风险。

第二，产业生态圈内生动力与企业颠覆性技术创新能力之间没有充分衔接，造成转型动能缺失。

企业是科技创新的主体，发挥生态主导型企业在颠覆性技术创新中的引领支撑作用，是推动更高水平生产力要素协同的重要途径。当前，部分领域尚缺乏产业关联度大、国际竞争力强、产业链控制力好的生态主导型企业，导致市场主体缺乏开展颠覆性技术创新的能力。同时，产业链龙头企业受组织惯性和配置结构影响，往往囿于既有生产要素组合效率，导致产业生态圈缺乏深度转型升级的内生动力。

第三，以颠覆性技术为核心的新兴产业与传统产业之间存在竞合矛盾，造成增量效应难以显现。

本轮颠覆性技术的系统性影响正在向生产生活的各个方面加速渗透，尤其是以颠覆性技术为核心的新兴产业普遍具有"归零效应"，对传统产业形成了一定冲击。习近平总书记在参加十四届全国人大二次会议江苏代表团审议时强调，发展新质生产力不是忽视、放弃传统产业。在碳基路径依赖锁定机制和价值链底部增长锁定机制的双重作用下，以颠覆性技术为核心的新兴产业在与传统产业的互动过程中，所产生的替代效应往往远超互补效应，绿色经济与传统经济、虚拟经济与实体经济间的对抗性高于融合性，致使绿色化数字化双重转型的经济增量效应难以有效显现。

颠覆性技术赋能新质生产力发展的加速路径

《2024 年政府工作报告》要求加强颠覆性技术和前沿技术研究，不断创造发展新动能新优势，加快发展新质生产力。针对颠覆性技术赋能新质生产力发展的时机节点匹配问题、能力动力衔接问题、新旧产业竞合问题，建议从以下几个方面进行突破：

第一，研判颠覆性技术发展阶段，精准把握政策干预时机，为加快技术变革性突破提供制度保障。

在颠覆性技术萌芽阶段，着重构建防御机制，以原创性基础研究为切入点，鼓励自由探索，强调自主可控，降低竞争性资助比例，延长稳定资助周期，减少行政干预和考核频率，优化分类评价机制。

在颠覆性技术成长阶段，重点发挥培育功能，以建立稳定预期、释放积极信号为基础，着力提供丰富的应用场景和试点试验机会，鼓励产学研合作促进创新网络构建，进一步加快颠覆性技术迭代。

在颠覆性技术成熟阶段，适时激励、加速赋能，一手抓游戏规则更新，使稀缺制度资源向颠覆性技术倾斜，倒逼传统技术主动换道升级；一手抓新兴优势培育，适量使用补贴工具降低用户转换成本，帮助颠覆性技术赢得市场发展机会和相对竞争优势。

第二，发挥龙头企业主导的颠覆性技术创新在产业链中的融通带动作用，为深化产业转型升级提供稳健动能。

一是要加快培育生态主导型企业，推动龙头企业积极参与行业标准制定、核心技术研发、关键资源整合、产业生态建构，积累底层技术突破能力和资源整合动态能力。

二是激励龙头企业主动介入颠覆性技术创新，鼓励龙头企业牵头组建创新联合体，利用好资金和制度优势，突破自身知识网络惯性，探索跨领域技术交叉融合创新，加快颠覆性技术的突破和应用。

三是优化产业链面向颠覆性技术发展和绿色化数字化转型的协作机制，促进区域和产业叠加，通过区域集聚构建联系紧密的现代企业群落，通过产业互补实现区域协调发展。

第三，围绕数据要素发展新型生产关系，推动新旧产业融合，打开高质量发展新局面。

一方面，从新兴要素供给着手，打通数据要素的资源化、资产化、资本化路径，完善数据资源体系，建设行业共性数据资源库，打造人工智能大模型训练数据集，大力提升公共数据资源供给水平，为颠覆性技术高质量发展奠定基础，为新兴产业和未来产业布局提供抓手。

另一方面，从新兴要素市场建设着手，发挥好数据要素的"融合剂"作用，以建设全国统一大市场为指引，尽快破解数据要素高效化市场配置和流通交易的瓶颈问题，实现生产要素的创新性配置，为改造和提升传统产业、建立现代化产业体系打好基础，释放新兴要素对价值创造的乘数效应。

（2024-04-11）

连续 11 年高于 GDP 增速！数字经济发展势头强劲，中央为何提出这个新要求？

田　林[*]

《2024 年政府工作报告》提出，深入推进数字经济创新发展，制定支持数字经济高质量发展政策，积极推进数字产业化、产业数字化，促进数字技术和实体经济深度融合。

2022 年我国数字经济规模达到 50.2 万亿元，占 GDP 比重 41.5%，名义增长 10.3%，已连续 11 年高于 GDP 增速；数字政府建设成效显著，数字国际合作不断深化，推动数字经济高质量发展已上升为国家战略。从"发展数字经济"到"深入推进数字经济创新发展"，体现了国家对于数字经济发展规律认识的深化，同时也是加快形成新质生产力的必然要求。因此，需要进一步准确认识数字经济的内涵和特点等，从而对具体推进路径作出清晰规划。

提高对数字经济的认识

数字经济的进一步发展需要提高认识、找准方向、抓住重

＊　作者为复旦大学管理学院管理科学系教授。

点、夯实基础。

第一，数字经济不是简单的互联网化或者数字化，而是需要新技术驱动的高质量发展。类似于实体经济需要高质量发展，当数字经济规模已经足够大，就要从扩大规模阶段进入提质阶段。实体经济会产生大量数据，数字经济高质量发展不是简单地搭建数字网络，而是要运用新的数字技术将实体经济数据加以创新应用，帮助实体经济提高运营效率。

第二，人工智能是数字经济高质量发展最大的机遇。人工智能具备高科技、高效能、高质量等特征，可以助力经济发展突破传统增长方式，是发展新质生产力的重要引擎。今年政府工作报告提出深化大数据、人工智能研发，开展"人工智能＋"行动，便是期待人工智能在各个领域实现突破传统生产力发展路径上的创新应用。

比如，"人工智能＋生物医药"可以利用 AI 技术，从海量分子里找到最有效的蛋白质结构，实现更高效的新药开发。又如，"人工智能＋交通"，可以探索由 AI 进行交通指挥。根据实时的车流量变化，灵活调整红绿灯的时间长短，找到更合理的配置方案，从而有效减少拥堵和事故发生，让城市交通更加顺畅。

人工智能就是数字经济的新质生产力

新质生产力是一种先进生产力质态，这在数字经济创新发展上主要体现为数字技术和实体经济深度融合，而当前的重点在产业端。人工智能在这方面能发挥重要作用。

在数字经济与实体经济融合发展的过程中，可以分为不同的模块。市场分为需求侧和供给侧，以互联网为媒介的市场体系，则可以分为面向需求侧的消费互联网和面向供给侧的产业互联网。过去，数字经济发展主要依靠消费互联网的发展。当前，消费互联网已经足够成熟，数字经济的进一步发展需要从消费端向产业端渗透。

产业端是由产业链、供应链中广大的中小型制造业实体企业构成。目前，我国制造业正在由低端制造业逐步向高端制造业转型，广大中小企业拥有广阔的发展空间，也面临转型路上的巨大挑战，亟待数字技术连接、改造，重构传统产业链各环节，将生产与流通环节有效打通，建立供给侧与需求侧的相互联结。人工智能技术可以运用于制造端，由机器人管理、控制工厂的生产流程，实现制造端的高端化、智能化、绿色化转型。

数字化平台是数字经济的主要组织方式，前端连接着需求，后端则是大量的中小型制造工厂，就像一群"蚂蚁"，跟在平台身后发展。对于大型高端机械设备制造企业来说，其产业链供应链上依附着大量中小企业，负责生产不同类型的零部件。当前，大型数字化平台的发展已经到了一个阶段，迫切需要平台企业引领，去带动广大中小型实体企业发展，形成"双轮驱动"的生态体系。大平台吸引消费流量带来订单，小企业在供应链上提升技术、扩大生产，以更好的产品供给平台，继续吸引更大的消费流量，从而形成正向双循环。这种方式可视为数字经济与实体经济深度融合的一个范本。

同样，很多产业链集群都有龙头企业，它们是产业中的关键节点企业。这些企业如果能够帮助上下游中小企业实现数字化赋能，形成数字产业集群，那么不仅是一种社会责任的体现，也能够推动企业自身降本增效，从而进一步提升市场竞争力，是一种双赢之举。这个过程需要一定的外力推动，比如以政策支持开展中小企业数字化赋能行动，并鼓励平台企业引领发展。

数字经济高质量发展需要"修桥铺路"

俗话说，"要致富，先修路"。某种意义上，数据要素化、建设数字基础设施就是数字经济时代的"修桥铺路"。

数据是数字经济的基本要素。如果我们将数字经济比作一个人，那么数据就是空气、食物和水。当前，大量的数据被闲置和浪费，只有对数据进行合理筛选、清洗、保存，形成标准化的交易产品，才能开放和流通，成为数据资产，进而实现数据的优化配置和再生。为此，需要建立数据要素市场，健全数据基础制度，将标准化数据资产进行交易，并统筹数据资源整合共享和开发利用，去创造更多价值。

算力是数字经济的基础设施。可以预见，算力水平将作为国家实力的重要组成部分。越集中化的算力就能拥有越强大的算力功能，算力体系建设需要体现集约化、一体化、协同化、价值化等特征。同时，就像修路不是一日之功，数字基础设施的建设也不可能"现修现用"，需要适度地进行超前建设。

人工智能是建立在数据和算力基础上的。当数字经济时代的"修桥铺路"夯实了基础，人工智能这一数字经济时代的新质生产力就能更好地体现其先进性与创新性。"数据＋算力＋算法"，就像"食材＋火力＋厨师"，只有完美协同发挥作用，才能做出美味佳肴，才能实现数字经济高质量发展的目标。

（2024-04-03）

数据也会"成长"，释放数据要素价值要加快建设这个市场

陈宏民 *

数据要素是推动数字经济发展的核心引擎，是赋能行业数字化转型和智能化升级的重要支撑，也是国家基础性战略资源。我国是数据生产和应用大国，也是世界上首个提出数据要素理论的国家。政府高度重视数据对于经济社会发展和培育新质生产力的重要作用，相继出台了一系列重要政策和举措，并于 2023 年成立国家数据局，统筹协调数据要素流通和交易工作。

数据产业发展迅猛，数据确权定价的研究和实践在持续深入，数据的应用场景不断向着广度和深度发展，数据交易市场逐渐活跃。作为新质生产力的新型要素之一，数据有何成长规律？如何更好实现数据要素价值？

数据要素的成长规律

数据之所以引起如此强烈的关注，是与它在数字经济中的

* 作者为上海交通大学安泰经济与管理学院教授、行业研究院副院长，上海市人民政府参事。

重要地位紧密相连的。数字经济是人类继农业经济、工业经济之后又一个重要的经济形态，而数据在数字经济发展进程中扮演着不同角色，发挥着不同作用。

1. 数字经济三阶段

数据在数字经济发展进程中循序渐进地扮演着三种不同角色，或许也可看作数字经济本身发展的三个阶段。

第一阶段为数据数字化阶段。通过把各种类型的海量数据信息，包括广泛的文字、图像、音频、视频资料实现数字化，使得这些数据传输快捷、使用便利、储存安全，同时为数据的大规模应用奠定了重要基础。比如，把一本纸质书从北京送到上海，即便快递也得花一天时间，而如果要送给一千个人则要印一千本、送一千次，印刷、运输以及时间，这都是成本。但是一旦将这本书数字化，瞬间就能送出千万里、触达亿万人，而且几乎是零成本，这就是数据的数字化价值。

第二阶段是数据要素化阶段。在数字化的基础上，数据可以便利地开发利用，并和其他生产要素比如劳动力、土地、资本、技术等融合在一起，产生更多价值，创造更多财富。这时，数据的特征是生产要素，体现出协同增值的效果。

第三阶段是数据驱动化阶段。数据不仅是一种生产要素，而且成为越来越重要甚至是关键的生产要素。小到一个企业的产品开发和功能迭代，大到一个行业的转型升级，其发展演化的方向都是数据引领。因为无论是消费者倾向还是公众情绪，都会以数据的形式通过各种渠道呈现出来，驱动着经济社会向前发展。这种特性已经在一些企业或者个别行业初见端倪。

上述三个阶段不仅循序渐进，还会周而复始。随着数据要素化、驱动化，会有越来越多的数据数字化。因为数据能产生价值，而且是创造越来越多的价值，所以人们就会有更大动力去采集更多数据，将其数字化。

2. 要素成长三阶段

数据作为一类重要的生产要素已得到社会公认，然而它对经济社会发展的贡献，无论是创造价值的规模还是创造价值的形态，依然是摆在社会面前的重大课题。从理论上讲，社会财富主要是由五大类生产要素创造的。数据要素作为其中一类，它的贡献有多少呢？主要是以怎样的方式创造财富呢？许多人集中关注数据交易，但实际上目前这部分体量还很小。根据国家工业信息安全发展研究中心统计，2022 年我国数据要素各环节市场规模中，数据交易约为 120 亿元。而同年中国 GDP 是 120 万亿元。也就是说，数据交易规模只有当年 GDP 的万分之一。显然，我们不能把数据交易规模作为数据要素贡献的衡量指标；或者说，当前数据要素的使用主要不是通过流通交易来实现价值的。

那么，当前数据要素价值实现的主要形态是什么呢？所谓要素价值实现的形态，是指要素拥有者与要素价值实现的受益者之间的关系，即谁在使用谁的要素。这既不同于数据的表现形态（如目前常讲的资源化、要素化和产品化），也不同于数据的基本属性（如非竞争性、外部性、规模报酬递增性等）。我们的研究发现，这种关系的形成和演变对于各类生产要素具有一定的共性；而这种关系深受外部环境影响，又对市场关系有重要的决定作用。

每一种生产要素都有一个循序渐进的成长过程，这个过程主要体现为要素价值实现的主要形态的演化，一般会经历三个阶段：第一个阶段可称为"自用阶段"，第二个阶段为"共享阶段"，最后才是"交易阶段"。

所谓"自用阶段"，即要素资源的拥有者与要素价值实现的受益者是重合的，或者说重合是主流形态。如农业社会的男耕女织就是这一阶段的主要代表。这种形态之所以是要素的早期形态，是因为这样的价值实现不需要太复杂和精致的制度环境保障。当一类生产要素刚被社会所认识，大众对其价值还缺乏衡量手段，也缺乏开发工具；围绕这类要素的专业化和规范化体系尚未建立，保护它的生态和法治环境也没建立。于是，这类要素的价值实现方式主要就是自用。

要素的"自用"肯定是缺乏效率的，它既不能实现规模经济，也缺乏适配性（即不能把合适的要素用在合适的场景），更难以提升专业水平（即得不到有效开发）。于是就产生了"共享"的需求，即在一定的范围内，要素资源的持有者通过交换或共享要素来增加彼此的价值实现，如劳动力的换工、企业之间的数据共享等。要素实现交换而不是交易的主要原因是定价困难、交易成本高昂。"共享阶段"的出现是因为要素价值在一个小区域内形成共识，但这是在定价、交易化程度还不够的时候才会出现的。

随着要素价值的持续发现和发挥，社会开发和利用这类要素的动力也在持续增强，要素的标准化规范化程度持续提升，法治环境也愈加成熟。要素资源的持有者和要素价值实现的受益者可以用市场公认的交易方式进行交易，要素由此进入"交易阶段"。比如，今天劳动力要素就是以交易为主的。显然，目前数据要素价值实现主要还是在自用和共享阶段，进入交易阶段的占比还较小。

数据要素价值实现的现状

当前，制造业、金融业和平台型企业是数据要素应用频率最高、价值实现最大、数据资源最丰富的领域。从传统制造到智能制造，制造的技术和模式是在持续升级。我们知道，制造水平的提升，背后的逻辑是：问题产生数据，数据创造知识，知识解决问题，周而复始带来提升。传统制造与智能制造最大的区别就是，前者这个周而复始过程的载体是在人身上，所以经验变得很重要。到了智能制造，这个周而复始过程的载体是在模型上，算法就变得很重要。这个进步当然是非常大的跨越，但是从数据使用的角度来看，无论是传统制造还是智能制造，企业数据作为要素依然处在自用环节。企业的数据是不愿意拿出来共享的，数据创造越来越多的价值，但是这个价值是自我实现的。

面向未来，数据要素的价值呈现方式会不断升级。还是以智能制造领域为例，很多智能制造企业的数字化转型往往第一步是点状突破，通过追求一些精益生产、降本增效来实现；接下来第二步是内部延伸，从最初突破的点向周围展开，最终实现"端到端"，即从研发、制造、销售以及售后服务的端到数字化端；第三步是外部辐射，即从内部往外展开，前端到供应商，后端到经销商甚至直接对接最终用户，实现全产业链的数字化。这个数字化升级的过程同时也是数据要素成长的过程。在点状突破的时候是以数据自用为主；到内部"端到端"时就存在数据部门的自用和部门与部门之间、子公司与子公司之间进行内部分享；发展到整个产业链上，数据就不仅是自用，而且有共享，还会有越来越多的交易。

总之，我们要充分意识到，数据要素需要一个成长的过程。数据要素是很有价值的，不过它的价值实现形态更像一座金字塔：塔基是自用，即绝大部分数据在自用环节上实现价值；塔腰是共享；塔尖才是交易。而到了交易阶段，还分为场内和场外，现在场外交易占整个数据交易量的90%左右。从业态来看，智能制造领域的数据主要处在自用环节；金融行业的数据在自用基础上还要从外面买一些，金融机构之间的数据共享也比较多；平台型企业的数据赋能业务较多，属于用他人的数据为他人创造价值，交易量较大。

数据要素服务市场应该做些什么

面对当前数据要素的价值呈现形态及其结构，以及前文分析的数据要素的成长规律，我们必须加紧建设数据要素服务市场。那么，数据要素服务市场应该做些什么呢？

首先，数据要素服务市场要以全面促进数据要素的价值实现为己任，不仅要为数据的共享和交易提供各类服务，还要为当前普遍存在的大规模数据自用提供更加有深度的服务。

其次，数据要素服务市场要根据当前数据要素价值实现多元化的特征，提供不同类型的服务。比如，对广大处于数据自用阶段的领域，数据要素服务市场要对接云平台、软件开发商、数据服务商为其提供服务。这样，即使数据"不出门"，也能提高附加值，这尤其有利于小微企业的数字化转型。对于数据共享领域，数据要素服务市场可以为企业集团、行业联盟等构建局部数据交换规则，促进共享便利化，打造数据共同体。对一些大型企业集团来说，从外部来看是数据自用，从内部来看是数据的共享和内部的交易。针对数据交易，现在很多交易所做的是把场外交易搬到场内来。如果现有的交易场所能够加强合规性背书，促进多场景应用，是可以吸引更多场外交易进场的。当然进场不能要求太高，尤其在市场的培育期，规则太多不利于数据市场的发展，数据要素市场要伴随用户共同成长。

最后，数据要素服务市场要积极推进要素价值实现形态的升级。从市场化角度看，无论是数据共享还是数据交易，都能够进一步提升数据要素的价值。当前之所以数据只能以自用为主，主要是因为没有良好的生态环境。缺乏丰富而深度的应用场景，就没有公认的市场价格；缺乏合理的市场价格，就没有专业而有针对性地开发加工；而缺乏深度的开发加工，就没有广泛的应用场景。这一切问题就像"先有鸡还是先有蛋"那样，交织在一起；加上缺乏可信赖的交易场所和有效的交易规则，更使得长长的产业链运行艰难。因此，建设统一规范的数据要素服务市场迫在眉睫。

平台化组织结构的探索

接下来，我想谈谈如何大力发挥平台在数据要素服务市场中的作用。近年来，随着政府和社会对数据要素的高度重视，各地数据交易中心、数据交易所如雨后春笋般涌现，政府也对这类机构寄予厚望。那么，这类机构是否能成为数据交易服务平台？它们应该在数据要素服务中发挥怎样的作用呢？

在过去的二十多年里，平台这种商业模式已经在全球经济社会舞台上展示出不可替代的实力，在越来越多的行业中拥有举足轻重的地位。在零售、出行、餐饮、旅游等行业里，平台正在成为行业发展转型升级的引擎，占据着核心位置。比如餐饮业，2010 年美团才刚刚成立，九年前人们还在为美团是否属于餐饮业而争议，可是在今天美团已经成为餐饮业里的一家重要企业，对于整个行业的发展发挥着关键性的作用。

但随着平台模式更加广泛应用，尤其当平台进入一些服务复杂性更强的领域如数据要素市场、工业互联网市场之后，我们会发现，平台在传统领域的优势和价值并没有如预期那般显现出来。因此，完善和创新交易服务平台的功能定位，大力发挥平台对数据要素服务市场的推动和引领作用，是极为重要的。

我们知道，传统产业的结构大都是链状的。随着技术快速发展和柔性化、大规模定制等方面的要求，一些产业呈现出网状结构。然而，随着平台经济的兴起以及数字化与平台化的融合，正在出现一些环状的产业结构，即整个产业是以平台为核心，由平台向产业的各个环节和各类功能提供不同类型的赋能，形成强大而稳定的商业生态圈；平台牵引着产业的转型升级。在笔者看来，数据要素产业有可能会成为这样的产业。

笔者有一个研究成果，用于判断产业平台化价值和可能性的理论分析框架，称为"双五力"模型。简要地讲，判断一个行业是否适合构建成以平台为核心的组织结构，大致从两个方面来看：一是从内在条件，即该行业自身的若干特征来判断，平台化结构调整是否能带来显著价值；二是从外部环境来判断，平台化结构调整是否具有可行性。基于此，"双五力"模型实际上包括了两个模型，即"内五力模型"和"外五力模型"。"内五力模型"主要从该行业的市场集中度、信息透明度、规模经济强度、产业链长度以及用户的风险度等五个维度加以分析，综合判断其价值。"外五力模型"主要从该行业面临的政策法规、技术环境、用户偏好、盈利模式和主流企业接受度等五个维度去分析，综合判断其可能性。

通过运用"双五力模型"对数据要素产业进行深入探讨，结果表明，构建以平台为核心的组织结构是很有价值的。从"内五力模型"分析结果看，其他四个维度都是非常适合推进平台化的，只有用户风险这个维度不适合。因为数据行业的用户风险是很大的，政府关心公共安全，企业关心商业机密，消费者关心个人隐私。但只要这个领域能够对用户风险进行有效控制，推进平台化是很有价值的。从"外五力模型"分析结果看，目前推进数据产业平台化的外部环境和条件还不够成熟。因此，我们对于政府管理部门的建议是：积极创造条件，改善外部环境，通过改善产业组织结构来提升产业价值。

综上所述，在着力促进数据要素发挥作用的进程中，要注意以下三点：一是要深刻认识数据要素的成长规律，无论是政府还是企业，都要因势利导、顺势而为。二是要积极培育能够伴随数据要素共同成长的服务市场，既要根据不同阶段数据要素价值实现形态提供有针对性的服务，又要积极营造和改善服务环境，促使数据要素快速成长。三是要大力发挥服务平台在培育数据要素服务市场中的引领作用，探索构建环型市场结构，既要借鉴传统领域中典型平台的运营模式，又要注重面对强服务复杂性时的新型功能定位。

（2024-05-07）

从生成式人工智能应用，
看文化新质生产力如何撬动变革

王世伟 *

当前，以生成式人工智能为代表的新技术催生文化新质生产力，正在撬动文化变革，推动 AI + 文化互联网的创新应用。在积极竞逐数字文化、元宇宙、智能终端等新赛道中，文化行业聚焦"算法创新 + 场景赋能"，前瞻布局数智时代、大阅读时代、未来智能等未来文化发展新领域和新赛道，将为高质量发展带来关键增量。

文化算力将成为关键发展力

生成式人工智能之所以能够对整个文化事业的发展带来大冲击，其关键之处在于大模型正在推动关键创新。中国的文化信息数据量大、类型复杂、维度广泛、层次多样，这为生成式人工智能在文化领域的发展提供了重要条件。

所谓文化计算，就是利用社会计算、大数据、人工智能等技术与人文历史等学科相互交叉融合，实现文化内容挖掘传播

---

* 作者为上海社会科学院信息研究所研究员。

并推动数字人文研究，促进文化繁荣发展的技术手段。文化事业的创新发展在人工智能方面的着力点就在于先进人工智能大模型的训练和应用，这将有效支撑中国文化事业中生成式人工智能的快速发展。

算力作为数字文化的关键发展力，已形成新的文化创新格局，并开启了文化算力网络的新赛道，是文化数智化发展中集信息计算、数据存储和网络运载于一体的文化新质生产力和发展力。2018 年首届中国文化计算大会召开，有学者认为这标志着"我国文化计算体系化研究全面启动"。而生成式人工智能正在为文化算力赋能，夯实文化高质量发展的基石和底座。

根据国际数据公司 2022 年评估报告，计算力指数正在推动国家的数字经济和国内生产总值不断增长，这包括通用算力 + 专用算力。因此，文化算力的提升将推动文化供给侧的改革和文化服务力的提升。生成式人工智能大模型的发展，需要文化算力与时俱进，从算力平台观察，需要提升超高计算密度、超大规模和超快训练速度的算力。生成式人工智能需要构建更广时空的算力网络，使算力突破文化单点性能的极限，为文化机构的数智化转型提供更大规模、更加高效、更为泛在的算力供给方案。

算力网络的内涵体现在以网调算、以网融算、以网强算，通过通信网络对算力的感知、触达、编排、调度，在算力网络拓扑的任何接入点，为用户的计算任务灵活、实时、智能匹配并提供最优的算力资源，从而满足任何时间、任何地点的多方算力需求，达到以数据算力提升优化文化服务力的目标。通过数字中国战略，我们推进了大算力、高性能、低功耗与高可靠算网软硬件基础设施的研发产业化落地和云网融合。有学者指出，从算网协同到算网融合再到算网一体，正在提升我国自主创新能力和国际竞争力，从而助力我国在全球高科技文化竞争中赢得主动权。

目前我国算力总规模已达 180EFLOPS，位居全球第二位，存力规模超过 1000EB；在用数据库标准机架的规模超过 650 万架，服务器超过 2000 万台。10 亿级参数规模以上的大模型全国已发布 79 个。随着我国算力基础设施的梯次供给体系初步形成，"算、存、运"一体化的应用体系正在逐步构建。这些都为生成式人工智能新赛道下的文化算力的全新发展提供了基础，也将迸发和显现出文化创新和高质量发展中算力的巨大威力，为中国文化事业跻身世界前列、形成世界文化发展的东方增长极提供新的技术环境和基础。

在实现自身迭代进化中提升数据科学能力

算力是建立在数据之上的。2019 年 10 月，党的十九届四中全会将"数据"增列为生产要素，反映了数字化转型时代数据的重要作用。实施数字中国战略需要高水平的数据要素配置，提升数据科学能力，而高质量的文化数字化发展离不开高质量的文化数据治理。中国使用人工智能的数量比例及产生的巨量数据，将使中国成为全球最大的数据圈。因此，我们要通过高质量文化数据治理激活文化数据要素的潜能与价值。

在数据海量生成的过程中，应当把数据科学能力作为文化机构创新发展的战略和核心能力予以谋划。人工智能大规模应用势不可挡，现有人工智能算力不足是亟待解决的问题。在文化事业的发展中，通过生成式人工智能，加快实现国家省市地县文化场馆的多源异构数据的高效存储、加工和呈现，这将改变以往缺乏数据分析支撑而仅仅依靠一些经验来分析研究文化事业发展的历史，利用系统仿真的事前预估成效，集成多群体、多场景、多时空、多概率的仿真过程将大幅提升文化决策的效率并降低可能的各类成本，在因地制宜构建数字孪生城市的国家战略中率先实现文化场馆的数字孪生。

面对文化空间场所、文化服务人群、文化服务内容、文化创意产品、网络空间流量等文化数据，要不断提升采集和集成的能力，数据分析挖掘、优化筛选、应用建模的能力。通过生成式人工智能的针对性模型获取高质量发展所需的语料、数据和分析结果，从而为文化事业发展提供科学的预测和决策，实现生成式人工智能赋能的文化服务整合和创新。

在生成式人工智能通用工具的一体化和平台化环境下，其产生的新领域和新赛道将惠及广大公众，从而提升文化的获得感和幸福感。但需要注意的是，在生成式人工智能赋能文化事业的进程中，要克服单点应用个别发展的问题，应将生成式人工智能贯穿文化产品供给侧的制作创意、文化服务需求侧的互动反馈、文化服务空间的动态流量等文化服务体系的全生命周期，在顶层设计中强化文化算力资源的统筹布局协调，提升文化算力的综合供给能力，将海量的纷繁复杂的文化数据，通过生成式人工智能的新技术变成可视化可利用、供需平衡的文化数据资产。

文化空间批量向数智化转型的高质量发展新通道

在高质量发展成为文化事业发展的首要任务的当下，文化新质生产力将为文化事业的高质量发展赋能，无论是图书馆、文化馆，还是博物馆、美术馆，无论是曲艺歌舞还是音乐绘画，都正在面临批量向数智化转型以实现高质量发展的命题。

随着文化机构数智化的转型，各类异构数据将不断沉淀，文化服务主体得到的用户画像更加清晰。在这个变化过程中，文化服务主体要考虑如何向更多读者和用户提供所需的服务。在新的发展环境下，人们的文化消费习惯正在发生变化，文化服务主体的功能已从简单的阅读、观赏，发展至更多的社交空间和更为个性化的文化体验。文化服务主体拥抱生成式人工智能并形成规模化的应用，将会开启数智文化发展的新时代。

真正的数智化是根据现实场景的数据采集，通过智能分析挖掘，在适应各种文化服务场景中通过自我学习不断优化服务项目和服务产品，以提升并改善服务品质。在这一发展过程中，如何在智慧文化场馆的建设基础上构建起全国一体化算力算网平台，将被提上议事日程。生成式人工智能将实现文化事业的效率变革和动力变革以促进质量变革，这显然是面向未来的文化事业机构批量化数智转型之路和高质量发展的创新之路。

要增强机遇与风险两个意识

以生成式人工智能为代表的新技术发展日新月异，我们应当冷静地思考应对并规避其正在带来的各类风险。要有增强机遇与风险两个意识，既要准确地认知这一巨大的变化，又要以科学理性的态度"关口前移"，同时还要积极主动顺势而为，牢牢把握、用好这一新的战略机遇，并善于化危为机、在各类风险困难中捕捉和创造文化事业发展的机遇。

（一）生成式人工智能带来的各类风险

在生成式人工智能的发展中，应切实提高战略思维、辩证思维和法治思维能力，正确理解生成式人工智能的双重属性。

生成式人工智能在给文化事业带来前所未有的创新发展机遇的同时，也正在形成各类风险。生成式人工智能带来的风险包括但不限于：生成式人工智能生成过程加剧个人与国家的数据泄漏风险、搜集个人数据造成侵犯个人隐私、违法盗脸、语音诈骗、侵犯知识产权、数据与权限为大型企业所垄断、国际数据生态安全治理面临前所未有的挑战等。此外，生成式人工智能还会带来诸如人类权益与机器人权益的冲突、社会道德与伦理规范的重构等问题。

（二）以文化培训的变革积极应对生成式人工智能的挑战

新质生产力以劳动者、劳动资料、劳动对象及其优化组合的跃升为基本内涵。其中，劳动者是一个核心要素。文化新质生产力将对文化行业人才需求形成改变是显而易见的。

对文化就业者而言，需要在培训中培养和增强自我技术和知识的更新能力，培训重点应该是培养文化从业人员具备好奇心和创新精神、跨学科跨领域的交叉复合能力、具备协作交流的社会沟通能力，特别是面对各类交织复杂现象的问题解决能力、人机融合协作能力、持续知识创新和模式更新的思维与能力等，为文化管理者和从业人员的不断成长提供更为丰富的可能性和全面发展的支持。在文化教育的培训学习中应增加未来文化发展的知识储备，改变过于单一和"千人一面"的所谓标准化培训模式，培育文化从业者顺应和适应技术变革并不断进行技能更新的学习和思考能力，让广大文化工作者成为一个个掌握绝活、具有独特灵感的个体。

对文化行业教育培训的教师而言，需要形成融教育与信息技术为一体的全新知识结构，通过新的文化类 App 和开发平台，在人机交互中形成相关提示，帮助文化从业者能够通过生成式人工智能的工具和方法生成更完美的文化服务内容和产品。需要指出的是，我们不能过度信任或依赖生成式人工智能，因为这样很可能会产生对人的各类工作或心理的伤害。如"类人"的发展对人们的心理带来焦虑与担忧并可能激发或引发不道德行为的产生，形成人工智能的数智鸿沟，生成式人工智能的过度使用会影响批判性思维的形成等等，这些潜在的可能风险都需要在文化教育培训中予以重视，以规避其可能产生的负效应。

（三）始终将人的因素放在第一位

在新技术的不断演进中，有没有不变应万变的智慧呢？回答这一问题，就需要始终将人的因素放在第一位。因为在巨量的数据合成中，生成内容会出现错误，那些通过剪辑和组装乃至剽窃和洗稿等形成的文化科研产品，其真伪的鉴定和侵权伦理的判断还得依靠人的智慧。

随着生成式人工智能的发展，文化领域的自然语言处理也在发生着巨大的变化，其发展趋势正在形成人类自然语言与人工智能语言共存共生形态。由于现存研究数据来源多且杂，当高质量和低质量数据混在一起，人工智能很容易学到"错误的数据"，开头就错了，后面自然会影响效率甚至准确性，而智能推荐算法也很容易形成知识单一片面的信息茧房，这就需要发挥机器无法替代的人脑智慧的作用，人机协同无疑是未来发展的趋势。同时，生成式人工智能也使人体的真实、声音的真实、图像的真实等产生了更多的问题，这需要技术，更需要人的智慧加以辨别。

在百年未有之大变局和新一代信息技术不断更新迭代的发

展背景下，生成式人工智能的边界正在不断扩展，将对数据安全乃至国家文化安全产生深远影响。因此，需要对国家文化领域的生成式人工智能生态群进行重构，在人工智能算法上实现创新突破，进一步强化数据安全与算法监管，同时积极参与国际数据生态的治理，推进形成世界数据生态安全治理的共同体。

生成式人工智能正在催生文化领域快速孵化本行业的大模型，并能高效率应用到图书馆、博物馆、美术馆、戏曲、音乐、舞蹈、话剧、非遗等文化行业各机构与服务场景。快速迭代的新一代信息技术推动了文化新质生产力的发展，由此产生的任何一个新业态，都是一个不断深耕的过程。这将不断引发文化领域的发展方式、发展动力、发展领域乃至发展质量的变革，从而推动文化领域的高质量发展。

（2024-04-19）

加快发展新质生产力，科学布局"三大产业"是关键

刘 典[*]

习近平总书记在中央政治局第十一次集体学习时强调："要及时将科技创新成果应用到具体产业和产业链上，改造提升传统产业，培育壮大新兴产业，布局建设未来产业，完善现代化产业体系。"科技创新若不能实际应用于产业与产业链中，其对生产力的推动作用便无从谈起。因此，传统产业、新兴产业、未来产业这三大产业不仅是构建现代化产业体系的关键，更是发展新质生产力的主要阵地。如何科学布局三大产业，实现科技创新与产业变革的深度融合，是当前和未来一段时期我国经济社会发展的重要任务。

积极引入创新因素，推动三大产业科学布局

战略性新兴产业和未来产业作为发展新质生产力的两大主要产业，随着科技进步和全球化的深入发展，其地位和作用愈加明显。新兴产业如信息技术、生物技术、新能源等，通过科

---

* 作者为上海市习近平新时代中国特色社会主义思想研究中心研究员、复旦大学中国研究院副研究员。

技创新和对市场需求的引领推动着传统产业向更高附加值和更可持续的方向发展，成为经济增长的新动力。这些新兴产业对传统产业的改造和引领作用日益凸显，推动着产业结构的升级和优化。与此同时，未来产业则更多地聚焦于前沿科技和新兴趋势，如人工智能、生物医药、可再生能源等，它们代表着未来经济的方向和发展趋势，不仅为经济发展注入新的活力，也给整个产业链带来更多的创新机遇和发展空间。

　　传统产业作为经济发展的重要支柱，其地位至关重要。习近平总书记在2024年两会期间参加江苏代表团审议时强调："发展新质生产力不是忽视、放弃传统产业，要防止一哄而上、泡沫化，也不要搞一种模式。"因此，我们不能盲目追求新兴产业和未来产业，而是要根据实际情况进行科学合理的规划和布局，避免泡沫化和一哄而上的现象。同时要积极推动传统产业转型升级，提高技术水平和附加值，以适应新的市场需求和发展趋势。只有在传统产业和新兴产业、未来产业相互协调、相互促进的基础上，三大产业才能构成经济发展的连续链条，而创新则是实现三大产业之间串联、转化与轮动的关键线索。

　　以汽车行业为例，从传统的燃油汽车到新能源汽车的兴起，再到智能汽车的发展，都反映出传统产业、新兴产业和未来产业的发展趋势。在传统汽车行业中，燃油动力汽车占据主导地位，它们为人类社会带来便捷的交通方式，但同时也带来环境污染和化石能源消耗的问题。随着社会环保观念的日益增强，新能源汽车逐渐崭露头角。它们利用电力、混合动力或者氢燃料电池等清洁能源，有效减少了尾气排放。随着科技的进步，新能源汽车不再仅仅满足于解决环境污染问题，它们开始向智能化发展。智能汽车结合了人工智能、大数据、物联网等前沿技术，可以实现自动驾驶、智能导航、车辆互联等功能，大大提高了驾驶的安全性和舒适性。从汽车行业的变革中，我们可以看到传统产业向新兴产业转型的趋势，以及新兴产业向未来产业迈进的方向。

这意味着，通过注入创新生产因素、引入创新技术和设置创新生产体系，可以提高传统产业的生产效率并促进其实现转型优化，也有助于深度开发和挖掘战略性新兴产业的潜力、产业规模并帮助其转化升级成未来产业，还可以依托产业集群、产业生态系统来助推未来产业实现跨界合作，构建出创新产业新的生态系统。

深入实施协同战略，促进三大产业良性循环

为了进一步有效促进产业发展，习近平总书记指出，要围绕发展新质生产力布局产业链，提升产业链供应链韧性和安全水平，保证产业体系自主可控、安全可靠。一方面，要围绕推进新型工业化和加快建设制造强国、质量强国、网络强国、数字中国和农业强国等战略任务，科学布局科技创新、产业创新。另一方面，要大力发展数字经济，促进数字经济和实体经济深度融合，打造具有国际竞争力的数字产业集群。

这些举措的核心在于全面围绕新质生产力、新型工业化以及数字经济展开，从而构建一个以提升产业链水平、推动强国建设以及实现数字化与实体经济深度融合为主要目标的协同战略。通过实施这一协同战略，新质生产力、新型工业化和数字经济的发展被整合为一个协调统一的整体。它们之间形成了一个相互支撑、相互促进的三角支柱结构，为彼此的发展提供了坚实的支撑。这种整合和协同作用进一步推动了三大产业之间

的良性循环，实现了资源共享、优势互补和互利共赢的局面。

具体而言，通过引入先进的技术和管理理念，新质生产力在制造业、服务业等多个传统产业领域得到了广泛应用。同时，新质生产力的提升还推动了产业链的优化升级，为新兴产业和未来产业的发展奠定了坚实基础。新型工业化的推进加快了传统产业的转型升级。通过引入智能制造、绿色制造等新型工业化模式，传统产业在保持竞争力的同时，实现了更加环保、高效的生产方式。数字经济作为新经济形态的代表，为产业链创新生态体系的构建注入了强大动力。数字技术的广泛应用不仅降低了产业链上下游企业间的合作成本和风险，更推动了产业链的现代化进程，为三大产业的跨界融合发展提供了技术支撑。

然而，要想将科技创新转化为实际生产力，还必须深刻认识创新的转化条件。可以将产业创新分为三个"内化"过程：一是必须把产业创新内化到社会再生产运动和经济发展过程中；二是必须把产业创新内化到新发展格局的构建之中；三是必须把产业创新内化到中国现实发展的国情中。为此，应加快实施以市场为培育力、创新资源为配置、执行力为切入点的战略，其内在逻辑主要聚焦于创新逻辑、产业逻辑和动能转化逻辑三个层面的产业三角战略，是对三大产业良性循环发展的又一大理论支撑。

首先，创新逻辑要求我们在产业创新中始终坚持以市场为导向，紧密围绕市场需求进行科技创新，确保创新成果能够真正转化为实际生产力。其次，产业逻辑则强调产业创新必须与新发展格局的构建相结合，通过优化产业结构、提升产业链水平等方式，推动产业创新在经济发展中发挥更大的作用。最后，动能转化逻辑则关注如何将产业创新与中国现实发展的国情相结合，通过政策引导、资源配置等手段，推动产业创新成果的有效转化和应用。

总之，将科技创新转化为实际生产力是一个复杂而漫长的过程，不仅需要对三大产业的科学布局，还需要全社会的共同努力和持续投入。通过深入认识创新的转化条件并付诸实践，有利于加快形成并发展新质生产力，从而推动中国经济实现更高质量、更可持续的发展。

（2024-04-24）

加强国家战略科技力量布局，如何更好发挥这支"主力军"作用？

钱春海*

科技创新是发展新质生产力的核心要素。党的十八大以来，以习近平同志为核心的党中央，始终坚持把创新摆在我国现代化建设全局的核心地位。习近平总书记强调，"要增强责任感和危机感，丢掉幻想，正视现实，打好关键核心技术攻坚战，加快攻克重要领域'卡脖子'技术"。由此可见加强科技创新、推进高水平科技自立自强，具有十分重要的战略意义。

关键核心技术是"国之重器"，具有高投入、长周期、复杂性、战略性和垄断性等突出特点。作为新质生产力发展和国家战略科技力量的重要组成部分，国有企业在资金、技术、人才等方面具有基础优势，是推动创新驱动发展战略、实现高水平科技自立自强的关键力量，在聚焦国家战略需求、强化关键核心技术攻坚上既大有可为，更应积极作为。

---

* 作者为中国浦东干部学院经济学教研部教授、上海市习近平新时代中国特色社会主义思想研究中心研究员。

一、基本优势

国有企业是国家科技创新的骨干和中坚力量，在发展新质生产力、推进关键核心技术攻坚方面具有其他主体无法比拟的特殊地位与优势。

一是政治优势。国有企业作为我国经济的战略支撑和重要支柱，是我国先进生产力的重要载体。一方面，以中央企业为代表的国有企业是中国特色社会主义的重要政治基础和物质基础，是社会主义经济制度的根本保证；另一方面，国有企业兼具政治与经济双重属性，具有在新型举国体制中推动高水平科技自立自强的政治使命与社会责任。因此，在强化关键核心技术攻坚方面，国有企业有责任和义务积极作为，切实发挥顶梁柱作用。

二是组织优势。新型举国体制下的关键核心技术研发成果转化涉及中间产品转化、成果检验与迭代创新、与国外企业或技术标准进行动态博弈等一系列复杂的市场行为。国有企业可站在民族复兴和国家产业安全的高度基础上，牢牢把握新发展阶段、新发展理念、新发展格局的本质要求，拓展安全边界，统筹多方资源力量，实现全国资源互通共享和相互支撑、有效转化，产生"1＋1＞2"的整体优势，焕发出非凡的组织动员能力，提高对抗强敌能力和国家整体核心竞争力。

三是规模优势。从我国的创新体系来看，国有企业具有重要而特殊的地位。国务院国资委数据显示，2023 年，全国研发经费投入超过 3.3 万亿元，其中中央企业为 10660 亿元，接近全国 1/3；如果以增加值来计算，全国研发投入强度为 2.64%，中央企业则高达 10.2%。拉长时间维度来看，2012 年至 2023 年，中央企业累计投入研发经费超 8.3 万亿元，成为名副其实的"主力军"。

四是协同优势。重大核心技术往往是系统工程，涉及科研机构、制造企业、大专院校、示范工程等多个单位，这些单位分属国家不同部门管理。国有企业可充分发挥国家作为重大科技创新组织者的作用，加大对周期长、风险大、难度高、前景好的战略性科学计划和科学工程的支持力度，抓系统布局、系统组织、跨界集成，把政府、企业、科研单位、社会等各方面力量拧成一股绳，形成整体优势。在新型举国体制中，央企可在更大范围、更深程度参与国家科技创新决策，统筹全产业链创新资源，完善"研发＋应用＋供应链"体系，为提高我国综合竞争力、保障国家安全提供有力的支撑。

五是产业优势。关键核心技术更加依托国家战略科技力量，更多地聚焦基础性、前瞻性、颠覆性技术研究和攻关。国有企业大多集中在关系国家安全和国民经济命脉的重要行业和关键领域，具有全面的产业覆盖和强大的制造能力。因此，国有企业可在推进产业基础高级化、产业链现代化，构筑产业体系新支柱方面发挥重要作用。在若干前沿技术、颠覆性技术等未来产业领域，培育形成一批规模大、效益好、竞争力强的新型支柱产业，为国民经济行稳致远、打造国际竞争新优势提供重要的支撑。

二、存在问题

然而，在发展新质生产力、推进关键核心技术攻关中，国有企业还面临着不少问题，主要体现在以下几个方面：

新型举国体制作用发挥机制有待进一步清晰。新型举国体制是新中国成立后我国科技领域实施举国体制的继承、发展和创新，相比以往，"新型"最重要的特点是强调有效市场和有为政府的有机结合。然而关于国有企业在"新型举国体制"中的具体内涵及职能定位，目前尚没有统一的界定，导致国企在实践中面对重大关键核心技术攻关时无法充分发挥新型举国体制优势。

重大科技成果应用转化机制存在不足。重大技术创新应十分重视"研究—开发—试验—应用"创新链的畅通，注重核心成果的成熟与转化。但从国企从事的重大技术创新攻坚方面来看，成果应用成为国企创新活动最大的痛点之一，主要原因是鼓励应用、鼓励"吃螃蟹"的机制没有有效发挥作用，首次应用的企业冒风险、遭处罚的顾虑大。这种考核导向不利于创新成果的产生及转化。

尚未建立完整的重大项目创新容错纠错机制。创新创造是一个突破现有知识边界的认识过程，需要很强的探索精神；创新也是一个试错过程，既要鼓励创新也要宽容失败。与民营企业家相比，国有企业领导不仅要面对市场风险，还要面对固有的体制机制压力，重大项目遇到的问题及挑战更多。不敢试错会导致创新动力不足，使得部分国有企业领导更倾向于选择"短平快"的项目，缺乏对关键核心技术攻关的长远规划统筹和持续动力投入。

基础研究能力有待进一步增强。基础研究是科技创新的源头。目前从基础研究到技术创新、应用，国有企业还存在脱节现象，具备基础研究能力的国有企业较少，大多数企业的创新基本依靠工程经验而非理论指导，导致国有企业在熟悉的领域搞创新，很难研发出变革性、颠覆性的技术，实现从"0到1"

的突破。

三、实施路径

为提高国有企业在关键核心技术攻坚方面的能力，需要从制度设计入手，使国有企业真正成为国家战略性科技创新力量，成为新质生产力发展的代表。

第一，要坚持以重大需求为导向，在攻坚克难中强担当。习近平总书记强调，科技创新要"面向世界科技前沿、面向经济主战场、面向国家重大需求、面向人民生命健康，把握大势、抢占先机，直面问题、迎难而上"。这"四个面向"回答了新发展阶段科技创新朝什么方向努力、向什么目标发展等重大问题。对国有企业而言，"面向国家重大需求"就是要从国家急切需要和长远需求出发，聚焦经济社会发展、民生改善、国防建设等方面的重大现实问题，特别是制造业领域"卡脖子"技术问题，做到想国家之所想、急国家之所急，坚决打赢关键核心技术攻坚战，努力发挥"主力军"和"排头兵"作用。

第二，要坚持以顶层设计为牵引，在系统谋划中强作为。党的十八大以来，以习近平同志为核心的党中央把科技创新摆在国家发展全局的核心位置，先后作出"全面实施创新驱动发展战略""健全关键核心技术攻关新型举国体制"等重大决策部署。在二十届中央全面深化改革委员会第一次会议上，习近平总书记再次强调，"要坚持系统观念，围绕'为谁创新、谁来创新、创新什么、如何创新'，从制度建设着眼，对技术创新决策、研发投入、科研组织、成果转化全链条整体部署，对政策、资金、项目、平台、人才等关键创新资源系统布局，一体推进科技创新、产业创新和体制机制创新"。习近平总书记从战略高度和顶层设计层面，为加快实现高水平科技自立自强指明了前进方向。

第三，要坚持以人才队伍为支撑，在夯基垒台中强本领。高水平科技人才是推进科技创新的第一资源，也是一个国家、一个企业科技实力的标志性力量。党的二十大报告指出，要加快建设世界重要人才中心和创新高地。为此，需要培养造就大批德才兼备的高素质人才，着力集聚爱国奉献的各方面优秀人才。国有企业作为党执政兴国的重要支柱和依靠力量，必须始终坚持为党培养人才、团结人才、引领人才、成就人才，为更好发挥创新引领作用提供有力支撑。

第四，要坚持以协同创新为重点，在集智聚力中强保障。关键核心技术攻关是系统工程，需要协同创新。国有企业要切实做好"内外协同"创新，立足产学研用协同创新，围绕战略发展方向，依托重点工程项目，加强与国家实验室、国家科研机构、高水平研究型大学、科技领军企业等国家战略科技力量的战略合作，布局并争取建设国家级创新平台和研发中心，合力推动国家重大科技专项攻坚。聚焦重大科技攻关项目，积极发挥国有企业引领作用，强化产业链上下游科研合作和产业化合作，推动研发链条前移，加大联合攻关力度，努力争当现代产业链"链长"，不断实现创新能力和创新成果的新突破。

（2024-05-24）

新质生产力
与上海发展

居于"五个中心"首位，建设上海国际经济中心有何重要意义？

王思政[*]

加快建设"五个中心"，是习近平总书记和党中央全面研判国际国内大势，统筹把握改革发展大局后作出的重大决策。2023 年，习近平总书记到上海考察，强调聚焦建设国际经济中心、金融中心、贸易中心、航运中心、科技创新中心的重要使命，加快建成具有世界影响力的社会主义现代化国际大都市。上海是中国最大的经济中心城市，建设国际经济中心的核心内涵是什么？未来如何提升国际竞争力？这些都是摆在我们面前的重要课题。

一、概念内涵和历史沿革

1. 概念内涵

国际经济中心，通常是指在全球经济发展和运行中占据核心地位并发挥作用的城市或国家。这类经济中心集中了大量的经济要素和各类活动，对周边地区乃至全球的经济生活产生深

---

* 作者为上海市宏观经济学会会长。

远影响，它们是经济力量在空间上的集中体现。但在国际话语体系中，这一表述并不常见，更多使用的是"世界城市""全球城市"或"国际大都市"。

一般而言，国际经济中心是货物流、服务流、资金流、人才流和信息数据流交互汇聚之地，是文化时尚潮流的源头，拥有现代化的交通、商贸、金融和信息等服务网络；开放度高，包容性强，各种要素能够自由流动、自由交易，进得来、出得去、留得下，有良好的市场化、国际化、法治化环境。因此，它往往需要制造业中心、贸易中心、航运中心、金融中心、科创中心、信息中心乃至文化中心作为必要的支撑基础。从软实力的角度出发，经济治理能力、居民受教育程度、多元文化融合、城市友好、民众亲和等亦是不可或缺的条件。

那么，如何来认定评判国际经济中心？多年来全球不少智库付出了不懈的努力。例如，著名智库 Gawc（全球化与世界城市研究网络）、日本森纪念财团"都市战略研究所"、科尔尼公司、普华永道等，都会持续发布全球城市排名。总体来看，大多数智库的评价指标体系，主要是从经济、文化、科创、宜居、环境、政治和基础设施等维度出发，评价说明一个城市对全球事务形成影响的能力。经济维度，主要是指 GDP、500 强企业总部数量、经济自由度等；文化维度，主要是指国际著名的艺术、文化、体育、会展活动的数量，外国游客数量，文博场馆数量，以及文化创意和内容产业的引领发展等；政治维度，主要是指政府机构的国际影响力以及国际性活动和会议、国际组织数量等；科创维度，主要是指研发投入、获得科学奖项数、研究人员数量和可用性等；宜居维度，主要是指失业率、工作方式的灵活性、总工作时间长度、夜生活丰富程度和零售店数量等；环境维度，主要是指空气质量、碳排放、废品回收率和慢行交通等；基础设施维度，主要指交通网络的发达程度，比如港口的建设、机场的建设、铁路的建设，包括信息基础设施的建设，以及它们服务全球的能力等。近年来，包括上海、广州等地的智库也加入了评估队伍，在这方面进行了颇有成效的研究。

2. 历史沿革

回顾上海发展历程，从列入国家正式文件的角度看，经历了从"三个中心"到"四个中心"再到"五个中心"的历程。

改革开放至今，上海研究制定了《上海经济发展战略汇报提纲》《迈向21世纪的上海》《世博会与上海新一轮发展》和"浦东开发开放战略""科教兴市战略"等多个重大发展战略，编制了九个"五年规划"，修编了三轮"城市总规"。在这些战略、规划和总规中，多次提出上海建设经济、金融、贸易、信息和航运中心以及社会主义现代化国际大都市。

1984年上海形成了改革开放后第一个《上海经济发展战略汇报提纲》，此后"国务院改造振兴上海调研组"来沪调研，联合上海市政府将汇报提纲上报中央，1985年2月国务院（国发〔1985〕17号）批复同意向全国转发。文件明确提出，上海是我国最重要的工业基地之一，也是全国最大的港口、贸易中心、科技中心和重要的金融中心、信息中心，上海要成为全国四个现代化的开路先锋，"力争到本世纪末把上海建设成为开放型、多功能、产业结构合理、科学技术先进、具有高度文明的社会主义现代化城市"。同时，文件中首次提出要创造条件开发浦东，筹划新市区的建设。

1992年10月党的十四大报告明确指出："以浦东开发

开放为龙头，进一步开放长江沿岸城市，尽快把上海建成国际经济、金融、贸易中心之一，带动长江三角洲和整个长江流域地区经济的新飞跃。"由此，"一龙头、三中心"发展战略成型。1992 年上海又着手研究《迈向 21 世纪的上海》发展战略，首次提出上海要建设国际航空航运中心，后写入上海"九五计划"和第二轮城市总体规划（1999—2020）。2001年经国务院批复，明确上海建设"四个中心"的发展战略。2014 年习近平总书记考察上海时提出，上海应加快建设具有全球影响力的科技创新中心，从而形成了"五个中心"的发展战略。

二、上海国际经济中心的特点

作为社会主义现代化国际大都市，上海建设国际经济中心既有世界其他国际经济中心的共性，也有自身的个性特点。

一直以来，上海国际经济中心建设比较侧重产业体系和工业基础。这与上海的历史基础是分不开的。上海作为中国近代民族工业的发祥地，积累了雄厚的产业基础，20 世纪 30 年代，上海曾经是远东最大的经济、贸易和金融中心城市。新中国成立以后和改革开放以来，上海成为我国最大的工业基地和工商业城市，现代产业体系全国领先，尤其是中国加入世贸组织后，上海与长三角区域形成了融入全球的产业链、供应链，从而成为"世界工厂"和"世界市场"。例如，全球十大汽车配套生产企业总部，其中有九个设在上海。在这轮百年未有之大变局中，上海和长三角共同发力，使新能源车产业链和"新三样出口"占领全球制高点，引爆了"奇点"效应。较为完整的产业体系和雄厚的产业基础，是上海建设国际经济中心的优势所在。这也是为什么《关于支持上海加快"五个中心"建设的意见》，要求上海加强高端产业引领，培育世界级产业集群，引领新领域新赛道发展。

对于上海来说，国际经济中心建设并不是孤立的，而是要凭借国际经济、金融、贸易、航运、科技创新等"五个中心"，提升城市能级和核心竞争力。也就是说，国际经济中心与其他四个中心是动态演进、融合互促的关系，你中有我、我中有你。很长一段时间，社会上有种观点，认为"其他四个中心建成了，国际经济中心自然而然也就建成了"。从城市综合功能和国际竞争力角度来看，这个观点有一定道理。党的十八大以来，上海"四大功能"不断强化，国际竞争力逐步提升。上海 GDP 总量位列全球城市第四，金融中心位列全球第七（最高位列第四），集装箱吞吐量连续十四年全球第一，口岸货物贸易额排在全球城市第一（超过 3%）。此外，科创中心和国际文化大都市建设亦取得长足进步，已经建成和在建的大科学装置跃居世界前列；2010 年上海成功举办世界博览会，创下多项历史纪录，国际影响力进一步增强；文博场馆和世界著名体育赛事都已名列全球城市前茅。上海国际经济中心建设离不开这些功能的提升。但是，上海要加快建成具有世界影响力的社会主义现代化国际大都市，国际经济中心地位需要进一步提升，城市能级和核心竞争力也需要持续增强。正因为如此，《关于支持上海加快"五个中心"建设的意见》中强调要增强经济中心城市竞争力，提升全球经济治理影响力。从这个意义上说，并不是其他四个中心建成了，国际经济中心就自然建成了，这里还有个动态升级的过程。为此，上海要进一步融入全球经济体系，对接高标准国际规则，加强对"五个中心"的整体谋划和联动，从而提升全球经济治理影响力。

三、提升国际竞争力的路径和潜力

上海国际经济中心要"进位"，必须认真学习贯彻习近平总书记考察上海重要讲话精神，落实党中央决策部署，将一系列开放新政抓紧实施，重点要加快构建现代化产业体系，继续加大经济总量，加快发展新质生产力，培育先进制造业和世界级高端产业集群，推动三大核心先导产业的"上海方案"加快落地实施发挥效用。

1. 围绕 2035 年基本实现社会主义现代化的目标，打造面向未来的世界级沿海产业带

打造面向未来的世界级沿海产业带，目前已具备全球少有的基础设施优良条件，包括在建和已建的铁路、机场、港口等。未来建议在上海宝山、金山以及宁波、舟山等石化产业集群里加快发展新材料，包括汽车、航空航天、船舶、芯片制造等急需的特种材料。在上海长兴岛抓住南北船集团合并的良机，打造世界级船舶和海洋工程装备基地，发挥好"南北船整合重组"放大效应，保持振华重工的领先势头；在上海张江科学城围绕芯片、光电子和生物医药等先进产业发力，争取产业链整体突围；在上海临港"智造城"发展大型智能装备制造、航空和航天制造、高效低碳燃气轮机、先进材料、微小卫星、无人设备（低空经济）和空间信息等产业，加快布局第三代半导体和车规级芯片制造；在浦东祝桥中国商飞基地，抓住大飞机已经商业飞行的有利时机，规划研究建设"祝桥航空城"，使这一战略产业跨上新台阶。

2. 呼应新领域新赛道发展，布局建设数据交易链和绿色低碳等枢纽型平台设施

人类已进入信息泛滥、数字爆炸的时代，相比传统有形资源，数据的挖掘、加工、运输、交易、使用、存储等均已发生巨大变化，但也有相通之处。要进一步探索建立国际数据产业园，加强工业软件自主研发。发挥好上海数据交易所和碳交易所的作用，开展规范化交易，制定相应的法律法规，进行个人数据资产确权试点，发放数字产权和绿色认证证书，建设第三代互联网，研发新一代移动通信技术。发挥 5G 通信技术和超大城市场景应用优势，加快大模型、区块链等新功能培育壮大。争取在智能家居、无人驾驶和远程医疗领域率先实现规模化应用，助力新技术、新制造、新产品、新模式、新服务加快发展，从而引领经济发展模式的转变。浦东综改和国际商务合作区建设要加快实施，发挥好示范引领作用，制度型开放要取得突破。探索国际合作竞争，在浦东率先试点开放增值电信服务，逐步取消外资股权比例限制，试点取得永久居留资格的外籍科学家承担国家科研项目、担任新型研发机构和企业的法人。

3. 继续放大"五型经济"优势，增强经济中心城市竞争力

所谓"五型经济"，是指创新型经济、服务型经济、开放型经济、总部型经济和流量型经济。继续放大"五型经济"优势，需要吸引和培育一批创新领军人才，培育一批一流企业和一流大学，新办一批国外大学。过去四年，上海实际使用外资连续突破 200 亿美元，有 6 万多家外资活跃企业，但与新加

坡、瑞士相比，仍存在不小的差距，发挥好"四大功能"尚有很大潜力。为此，要在营造国际一流营商环境细节处下功夫，充分激发各类经营主体的内生动力和创新活力。

4. 提升全球经济治理影响力，扩大上海"城市品牌"知名度

国际经济中心不只体现在"量"上，更多的是在"质"上，而这个"质"主要指的就是全球经济治理影响力。多年来，上海在打造"上海品牌""上海指数""上海价格""上海方案""上海创新""上海标准"等方面积累了一定的经验，在一定程度上起到了世界经济市场"晴雨表"的作用。接下来，要努力引进国际绿色低碳和数字经济机构、国际标准和认证机构、国际海事和海关机构、联合国机构等国际组织落地，增加专业服务业和国际服务贸易的竞争力。2023年11月，联合国教科文组织第42届大会通过了在中国上海设立教科文组织国际STEM教育研究所（UNESCO IISTEM）的决议，这是联合国教科文组织一类中心首次落户中国。STEM教育是创新的核心，可以促进经济增长和发展，并应对全球挑战，这对于上海建设国际经济中心、科创中心具有重要意义。

（2024-05-06）

它是世界科技中心形成的重要基石！上海国际科创中心建设要强化这类研究布局

印　杰[*]

2024 年是习近平总书记提出上海加快向具有全球影响力的科技创新中心进军 10 周年。去年，习近平总书记在上海考察时提出，推进中国式现代化离不开科技、教育、人才的战略支撑，上海在这方面要当好龙头，加快向具有全球影响力的科技创新中心迈进。要着力造就大批胸怀使命感的尖端人才，为他们发挥聪明才智创造良好条件。

加强科技、教育、人才的战略支撑，有多个发力点，其中重要一点就是加强基础研究。加强基础研究，是实现高水平科技自立自强的迫切要求，是建设世界科技强国的必由之路。党的十八大以来，习近平总书记围绕加强基础研究作出一系列重要论述，为推动基础研究实现高质量发展、夯实科技自立自强根基指明了方向。当前新一轮科技革命和产业变革突飞猛进，学科交叉融合不断发展，科学研究范式发生深刻变革，科学技

＊　作者为上海科技大学常务副校长。

术和经济社会发展加速渗透融合，基础研究转化周期明显缩短，国际科技竞争向基础前沿前移。应对国际科技竞争、实现高水平自立自强，推动构建新发展格局、实现高质量发展，迫切需要强化基础研究布局，从源头和底层解决关键技术问题。

创新是核心竞争力，基础研究是创新之源

基础研究在经济发展方式转型中发挥着重要作用。2006年，党中央提出建设创新型国家重大战略，推动经济增长从资源依赖型转向创新驱动型。2022年，我国基础研究经费从2000年的47亿元增加到近2024亿元。2022年度自然指数数据显示，以贡献份额（Share）衡量，中国对自然指数所覆盖的四大自然科学类别的总体研究贡献首次升至首位，高质量科研产出居世界第一。与2021年相比，中国的调整后份额增长了21.4%，在排名前十位的国家中增幅最大。国家基础科学和前沿技术研究综合实力的显著增强，研究与试验发展经费投入的持续加大，为建设创新型国家奠定了坚实的基础。

基础研究是建设世界重要人才中心和创新高地的基本要素。我国"十四五"规划明确提出，到2035年我国要进入创新型国家前列，需要完善国家创新体系，加快建设科技强国。人类历史上，世界科技中心多次转移。基础研究对基本原理和方法的深入探索，为实现"领跑"前沿领域研究、解决制约发展的"卡脖子"问题提供理论支持和方法创新，成为世界科技中心形成的重要基石。基础研究领域实现的重大突破，引领了科技革命和产业变革，为科技进步提供源源不断的动力，也是世界科技中心形成的必要条件。正如1956年达特茅斯会议开启了人工智能的新纪元，基础研究有望为驱动量子技术、合成

生物学、核聚变能源等未来学科和未来产业发展发挥战略性、引领性、颠覆性作用。

基础研究为发展新质生产力孕育新动能。加强基础研究是建设现代化产业体系、构建新发展格局、推动高质量发展的必然要求。基础科学研究的不断突破,不同领域的交叉融合,催生出新问题、新方法和新手段。锚定世界科学研究前沿,打好关键核心技术攻坚战,培育新质生产力,可以为现代化产业体系发展开辟新赛道、创造新优势。当前,科学、技术与产业发展高度协同,基础研究成果转化为生产力的步伐不断加速。正如半导体 PN 结研究推动了集成电路产业发展、激光研究推动了通信技术和产业发展,虽然某个基础研究成果能否应用具有不可预见性,但其一旦应用,产生的价值将远大于一般的应用研究,从而推动相关产业实现跨越式发展。

人才是第一资源,基础研究需要拔尖创新人才

原始创新能力是基础研究人才的必备特质。在科学发展的历史长河中,伟大的发现往往源于具备原始创新能力的人才。他们敢于挑战权威,勇于突破传统思维的桎梏,获得颠覆性成果,从而引领科学发展的新方向。拥有坚实的跨学科知识体系以及开阔的视野,对于基础研究人才同样具有不可或缺的重要性。这些综合的能力,使他们能够在不同领域之间搭建起桥梁,找到彼此之间的联系,从而为科学研究开辟全新的道路,推动人类知识的边界不断向前延伸。

突破传统教育观念对基础研究人才培养的束缚。我国的传统教育重知识传授、重解决问题、重单一学科教育,学生对知识的记忆掌握能力强、求解标准答案能力强,但传统教育观念

可能已无法适应创新社会的发展。要把培养学生的质疑精神和提出问题的能力融入教学全过程，鼓励非常规想法，不怕挫折，宽容失败。要鼓励跨学科培养，增强学生的跨学科能力，知识面要宽、基础要扎实，特别要重视与人工智能等信息化技术的交叉融合。要建立基础教育与高等教育贯通培养的人才培养新模式。

营造促进基础研究人才成长的生态。要优化基础研究人才成长的资源配置方式。据统计，近50%诺贝尔奖成果来自"小课题组"。取得重大科学发现，既要靠有组织的科研，也要鼓励自由探索，要鼓励科学家敢于做风险性高和非共识的研究。达特茅斯会议对人工智能的讨论并没有形成共识，甚至"人工智能"一词也未获得完全认可，但正是与会者对人工智能的自由探索，推动了科学范式的创新。费马大定理的证明历经三百多年的探索和尝试，最终由英国数学家安德鲁·怀尔斯在完全独立和保密的研究下历时七年成功完成。与此同时，要加快建立以创新价值、能力、贡献为导向的人才评价体系，建立短期评价与长期评价相结合的评价制度，审慎地使用科学计量学对论文和科学家的评价结果。研究数据显示，64%的诺贝尔奖科学家取得重大科学发现时的年龄集中在31岁至45岁。中青年时期是科学家科学研究生涯中最富有创造力的黄金时间，要给予青年科学家更多机会，加大支持力度，鼓励青年科学家尽早独立开展研究。

以科教融合支撑科创中心高质量发展

建设大科学装置推动基础研究取得重大突破。上海国际科创中心建设10年来，以张江综合性国家科学中心建设为核心，布局国家重大科技基础设施建设，推进上海光源、上海超强超短激光实验装置、软 X 射线自由电子激光试验装置、硬 X 射线自由电子激光装置等建设，已建和在建的重大科技基础设施达 15 个，为相关领域基础研究实现从"跟跑"到"并跑"乃至"领跑"打造了大国重器。目前，以硬 X 射线自由电子激光装置为引领，上海光源等 7 个光子科学大设施为基础，其他领域设施为支撑的全球规模最大、种类最全、综合服务功能最强的大科学设施群已具雏形，成为上海国际科创中心的一张亮丽名片。

贯通拔尖创新人才培养路径。目前，上海已启动实施基础学科拔尖创新人才贯通培养计划，构建基础学科拔尖创新人才早期发现、科学选拔、贯通培养机制，建立基础研究人才全链条、长周期培养机制。该计划试点拔尖创新人才早期培养，探索实施初高中贯通培养模式，探索构建拔尖创新人才早期培养的课堂新样态，支持高水平研究型大学与优质高中建立联动机制，推动拔尖创新人才早期识别和培养工作常态长效。同时，创新基础学科人才培养模式，支持相关高校深入实施"基础学科拔尖学生培养试验计划"，积极牵头、深度参与国家基础学科拔尖创新人才培养战略行动、基础学科领域本科教育教学改革试点等重大改革专项，为上海国际科创中心输送人才。

加大基础学科和基础研究投入力度。不断优化投入结构，对事关长远发展的基础学科和基础前沿领域建立长期支持机制。完善基础研究领域项目、机构和人才的评价机制，引导科研人员长期潜心开展研究。2021 年，上海出台《关于加快推动基础研究高质量发展的若干意见》，试点设立"基础研究特区"，选择基础研究优势突出的部分高校和科研院所，面向重点领域和重点团队，给予长期、稳定和集中支持。今后，要进一步赋予"基础研究特区"充分科研自主权，支持机构自由选题、自行组织、自主使用经费，在科研组织模式和管理体制机制上给予充分改革探索空间。与此同时，实施高校基础研究和原始创新促进计划，发挥高校基础研究主力军和基础研究人才培养主力军作用，依托研究型大学开展"从0到1"研究，推动基础研究生态持续优化，力争在前沿领域取得重大原创成果，汇聚高水平人才，使高校基础研究有力支撑上海国际科创中心高质量发展。

（2024-05-13）

以科技创新为引领，上海如何率先建设现代化产业体系？

谢露露　汤蕴懿 *

2023 年 12 月，习近平总书记考察上海时再次强调，要以科技创新为引领，加强关键核心技术攻关，促进传统产业转型升级，加快培育世界级高端产业集群，加快构建现代化产业体系，不断提升国际经济中心地位和全球经济治理影响力。在推进中国式现代化的新征程上，上海有基础、有条件，也有信心以科技创新率先建设现代化产业体系，更好发挥龙头带动和示范引领作用。

以城市规模优势增强原动力

理论证明，超大城市的巨大规模优势蕴含的创新效应，有利于现代化产业体系的建设。20 世纪 60 年代，有专家就提出，创新所依赖的新思想和新知识更容易在大城市中产生，这是因为大城市人口和经济高度集聚形成规模优势和集聚效应，不仅有利于创新要素共享、创新供需方高效匹配，更为重要的是知

---

* 作者分别为上海社科院应用经济所副研究员、研究员。

识外溢产生的"化学反应"。大城市多样化的产业、高密度的经济活动、便利的交通以及多元的文化，使得差异性的创新主体之间交流更加频繁，知识更容易流动、外溢、互补和重构，这也被认为是大城市的创新密码。多年来，这一判断被不断证实，区域性科技创新中心往往都是产业基础深厚且多样化、创新资源集聚、融资便利的国际性超级大都市，比如纽约、东京、伦敦等。

不仅如此，大城市的规模对于创新成果的"落地生根"也非常重要。一方面，大城市潜在的市场需求规模和多样性为创新成果的落地提供了广阔的应用空间，由此产生的规模经济和范围经济能够有效摊薄企业的预期创新成本、获取更多创新信息、降低创新风险，激励着企业的技术创新和产品创新以及高端人才从创新走向创业。另一方面，大城市的实体经济规模也相对较大，配套的生产性服务业也更倾向于向这些地区集聚，企业更容易获得创新所需要的专业化服务，比如融资、咨询、法律等，从而进一步降低企业技术创新以及应用新技术的成本。

毫无疑问，上海超大城市的规模优势尤其是高密度的经济和人口以及开放、创新、包容的城市品格，为城市内部的创新活动提供了地理邻近以及多样化的理想环境，降低了知识交流的成本，更有利于新旧知识的交流和分享。尤其是不同创新主体之间、不同行业之间知识和技术的交叉渗透，促进了多样化知识相互融合，极大增强了形成破坏性创新成果、颠覆性技术和前沿性技术并将这些成果通过产业化转化为实际生产力的可能。

以国家战略优势形成强"牵引"

坚持试点先行和全面推进相促进，是我国改革开放非常重要的一条经验。上海不仅在全国经济社会发展中始终处于重要地位，而且将国家战略先行先试与上海创新发展有机结合，将国家顶层设计与上海发展实际有机结合，为以科技创新率先建设现代化产业体系提供了独特的国家战略牵引优势。坚持"四个放在"工作方针，成为上海发挥引领示范作用的前提及上海做好一切工作的基点。

第一，落实国家战略任务增强了上海的国家科技战略力量，有利于发挥新型举国体制优势，打好关键核心技术攻坚战。以张江综合性国家科学中心为重大战略载体，上海不断提高创新资源集聚度，尤其是国家战略科技力量，聚焦重大产业发展需求，整合不同创新主体的创新资源和创新优势，开展前沿性基础研究、应用研究和开发研究，增强科技创新引领现代化产业体系建设的内生动力。

第二，落实国家战略任务提高了上海的金融服务科技创新水平。创新的不同环节、不同阶段对资金需求具有差异性，需要发展多样化的现代金融体系和多层次的科技融资服务。科创板注册制丰富了上海资本市场的层次，使得上海能更好发挥国际金融中心建设的优势，将金融与科技紧密结合，推动科技金融的启动器和减压器功能充分施展，为前沿技术创新及成果转化全过程保驾护航。

第三，落实国家战略任务增强了上海的全球创新资源配置功能。无论是自贸区临港新片区还是虹桥国际开放枢纽，都通过对标国际一流的经贸规则，推动资本、服务、产品和劳动力等跨境自由流动，以高水平的对外开放进一步吸引全球高端创新要素，尤其是高端科技人才流入。

第四，落实国家战略任务增强了上海的跨区域科技创新资源整合能力。与长三角地区的创新基础设施、设备的共建共享以及创新成果产业化的对接，促进跨区域科技创新和产业创新的深度融合，更有效地推动科技创新成果的产业化。

以产业体系优势创造新需求

科技创新不是无源之水、无本之木，而是深深扎根于实体经济之中，紧紧围绕以制造业为主的实体经济部门创新发展，对其所产生的各种形式的内在需求形成有效支撑。由先进制造业、战略性新兴产业和现代生产性服务业所构筑的实体经济是建设现代化产业体系的根基。目前，上海初步形成了"2 +（3 + 6）+（4 + 5）"的现代化产业体系框架。"2"为传统产业的数字化、绿色化两大转型；"3 + 6"是指人工智能等三大先导产业及汽车等六大重点产业；"4"是指数字经济、元宇宙等四条新赛道；"5"是指未来健康、未来智能、未来能源、未来空间、未来材料五大未来产业。这一体系框架为前沿技术成果"落地生根"提供了梯度性、层次性、接续性的产业基础和应用场景，从供给和需求两端同时发力，促进科技创新和产业创新深度融合，不断增强科技创新的引领功能。

从创新供给端来看，在数字时代，创新链和产业链深度融合，科技创新的范式发生变化，更多体现为在基础研究、应用研究和开发研究全过程全链条协同创新，引领整个产业链供应链现代化水平的提升。在这一过程中，上海深厚的产业基础、完善的产业链和多样化的产业技术服务平台为前沿技术和关键核心技术的研发、测试提供了保障，大幅缩短了相关成果的技术验证周期。从创新需求端来看，不管是传统产业的智能化和绿色低碳化、战略性新兴产业突破"卡脖子"关键技术的发展，还是未来产业顺畅转化为新质生产力，都需要底层前沿技术的赋能，因而上海这一接续性的产业体系为科技创新成果尤其是颠覆性和前沿性技术成果的落地提供了丰富的多层次的应用场景，有利于形成"研发→应用场景"的良性循环机制，使得整个产业体系的现代化水平在技术创新和市场应用中实现螺旋式上升。

以科技创新支撑现代化产业体系

上海已经跻身国际大都市之列，处于从规模扩张走向核心功能提升的新阶段，但巨大城市体量优势所蕴含的创新效应还有待进一步发挥。为此，应从以下几个方面重点发力：

第一，推动"五个中心"联动发展，以"要素融通"持续提升超大城市创新动力。

现代化产业体系是实体经济、科技创新、现代金融和人力资源协同发展的产业体系，需要推动产业链、创新链、资金链和人才链深度融合。这些问题环环相扣，涉及不同领域的改革开放，必须运用系统观念来看待，在推动"五个中心"联动发展的过程中解决。上海要不断提高城市能级和核心竞争力，放大"四个功能"，形成对全球要素尤其是高端创新资源的强大吸引力和高效的配置能力，形成"科技—产业—金融"高水平循环格局，使得创新主体承载的知识随要素流动，配置得到交流、分享，并在不断融合中形成新知识和新思想，从而推动上海科技创新能力实现从量的积累向质的提升的巨大飞跃，为科技创新引领现代化产业体系建设提供强大动力。

第二，加快落实国家战略任务，以"上下联通"强化新型举国体制的牵引力。

得益于落实张江综合性国家科学中心建设、大飞机等国家战略任务，上海的国家战略科技力量较强，并产生了一系列重要的前沿基础研究成果。但是，如何更好发挥这些战略科技力量的科技创新引领作用，加快攻克关键核心技术，依然是个问题。为此，上海需要把畅通基础研究和前沿技术成果的产业化应用的双向通道作为重中之重，以新型举国体制为抓手，进一步发挥国家重大战略的牵引优势，整合各种创新资源，形成协同攻关的合力。

具体而言，上海可以通过科技体制机制改革，打破不同创新资源的流动壁垒，并探索新的协同创新模式和科研组织方式，提高各创新主体的协同创新效率，释放国家战略科技力量对产业创新的引领作用，从而精准围绕重点产业链中的关键核心技术进行有效攻关，加速解决制约三大先导产业产能提升的"卡脖子"问题，加快形成世界级高端产业集群。此外，尽管上海有一系列"硬核"制造业，但是科技领军企业相对缺乏。上海需要把握长三角高质量一体化的战略机遇，在协同三省推动长三角高质量一体化的过程中，扬长避短，将自身的科技策源优势与长三角地区强大的产业创新优势结合起来，实现跨区域创新资源的有效整合，协同建设现代化产业体系。

第三，大力推进新型工业化，以"数实、数智贯通"提高科技服务产业创新的引领力。

新型工业化是融合数字化、网络化、智能化、绿色化的现代化科技革命和产业变革，是我国实体经济高质量发展的必由之路。现代化产业体系不是若干产业门类的简单集合，而是内部功能互补的产业生态体系。新型工业化的加快将推动系统内产业融合演进，充分发挥上海接续性产业体系的网络综合效应。

上海要以新型工业化为抓手，围绕"2+(3+6)+(4+5)"产业体系持续发力，以人工智能等底层前沿技术赋能现有产业体系，统筹抓好传统产业转型升级、新兴产业发展壮大和未来产业前瞻布局，进一步增强实体经济发展的竞争力。具体而言，要通过人工智能、绿色能源等前沿技术与传统产业的融合，促进传统产业加快向数字化和绿色低碳转型，形成新的产业竞争优势。要深化集成电路、生物医药、人工智能三大先导产业"上海方案"，解决关键环节的"卡脖子"问题，推动这些新兴产业发展壮大，加快形成世界级高端产业集群。要前瞻布局未来产业，促进颠覆性技术和前沿技术的产业化，抢占未来发展制高点。

（2024-01-04）

聚焦加快发展新质生产力，上海推进新型工业化有哪些新路径？

徐丽梅[*]

《2024年政府工作报告》提出"大力推进现代化产业体系建设，加快发展新质生产力"，要求充分发挥创新主导作用，以科技创新推动产业创新，加快推进新型工业化，提高全要素生产率，不断塑造发展新动能新优势，促进社会生产力实现新的跃升。

以数字技术和智能系统为核心的新质生产力，能够不断推动科技进步和产业升级。作为改革开放前沿阵地，上海需要响应党中央号召，加快发展新质生产力，建设现代化产业体系，推进新型工业化进程，以更好助力"五个中心"和中国式现代化建设。

以新质生产力推动新型工业化

新型工业化通常是由新技术和新的生产方式驱动的，这些技术和生产方式正是新质生产力的一部分。同时，新质生产力

* 作者为上海社会科学院应用经济研究所副研究员。

能够通过不断创新和探索，刺激新型工业化发展，以满足生产和市场不断升级的需要。

新质生产力能够提高工业生产效率。新质生产力的发展意味着更高效的生产方式和更有效地利用资源，这有助于推动新型工业化发展。通过引入新技术和新的管理模式，新型工业化可以更快实现规模化生产，并在市场上取得竞争优势。

新质生产力能够推动产业结构升级。新质生产力的发展会带来自动化生产线、数字化技术应用等，这会导致产业结构从传统产业向更为现代化和高科技的产业转变，从而满足新型工业化对高效率生产和高品质产品的需求。

上海推进新型工业化发展的新路径

新时代新征程，以中国式现代化全面推进强国建设、民族复兴伟业，实现新型工业化是关键任务。为此，要深刻把握新时代新征程推进新型工业化的基本规律，积极主动适应和引领新一轮科技革命和产业变革，把高质量发展的要求贯穿新型工业化全过程。

一是在企业层面，要重点培育龙头工业企业，促进国有民营经济共同发展。坚持用"两个毫不动摇"来把握国企民企的根本关系和长远关系。发挥上海国有企业带头作用，通过优化资源配置和推动科技创新，深入实施国企改革深化提升行动。同时对民营企业一视同仁、平等对待，支持民营企业发展壮大，保障民营企业公平参与市场竞争。支持有条件的龙头企业做大做强，加快优势基础产业转型，以新质生产力构筑发展新优势，打造一批具有竞争力的工业企业。

二是在产业层面，要稳定工业大盘，推进产业转型升级。

上海积极探索新型工业化道路，强化创新与产业相结合，推进产业的智能化绿色化融合发展，推进集成电路、生物医药和人工智能三大先导产业，以及电子信息、生命健康、汽车等六大重点产业高质量发展，创造产业竞争新优势。未来要继续培育和支持新兴产业，孵化培育创新型企业，推动技术创新和新型生产技术应用，推动产业集聚和产业园区规模化集约化发展，同时结合大规模设备更新，引导企业加快产线改造和升规提质。要加快工业互联网规模化应用，加快发展工业服务业。在推进质的有效提升和量的合理增长中，提升上海工业现代化水平。

三是在城市层面，要优化营商环境，深化高水平改革开放。新型工业化需要更完善和更开放的发展环境。要不断提高法治水平，为企业提供更加透明、稳定的法律环境，保障企业权益。要加强知识产权保护，加快大数据、人工智能等新兴领域的知识产权立法，增强企业创新动力。要调整和优化税收政策，切实减轻企业负担。此外，作为中国改革开放的排头兵，上海要着力深化高水平改革开放，探索国际经贸合作新形式，加快形成具有国际竞争力的政策和制度体系。

四是在区域层面，要立足区域协同，推进长三角工业一体化。长三角工业基础雄厚，有利于加快推动人工智能和数字经济发展，大力推进新型工业化。上海应更好地发挥龙头带动作用，引领长三角加强科技创新与产业深层次协同发展，打造世界级先进制造业集群，与苏浙皖一起保障区域产业链供应链安全稳定，合力推进长三角一体化发展这一重要国家战略。

（2024-03-14）

新型工业化"新"在哪里？
上海如何领航先行？

李 伟*

在以新型工业化推动中国式现代化发展中贡献上海智慧、上海方案和上海模式。

在上海市新型工业化推进大会上，上海市委书记陈吉宁强调，要聚焦目标任务强化工作落实，在稳住工业大盘中坚定转型升级，加快培育世界一流企业，推动上海新型工业化取得新的更大进展，更好助力"五个中心"和现代化建设。

党的二十大报告确立了以新型工业化推动社会主义现代化强国建设，实现中国式现代化发展目标的重大战略部署。上海作为中国式现代化发展的开路先锋，需要在新型工业化发展中领航先行，发挥引领带动、关键突破和先行示范功能，以新型工业化增强城市核心功能，加快建设以实体经济为支撑的国际大都市现代化产业体系，在以新型工业化推动中国式现代化发展中贡献上海智慧、上海方案和上海模式。

---

* 作者为上海社会科学院研究生院院长、研究员。

一、新型工业化开创中国工业化发展新道路

新型工业化是中国总结国内外工业化发展的历史经验，顺应数字化、网络化、智能化新科技产业革命发展趋势，把握全球产业分工格局新变化和大国经济科技竞争新特征，以中国式现代化发展为引领，体现新发展理念、新发展格局和高质量发展目标的工业化发展道路模式。

新型工业化把握国际科技产业竞争格局新变化，确立了新兴国家科技自立自强的工业化道路模式。面对世界百年未有之大变局，新型工业化总结国内外工业化发展的历史经验，把握全球产业分工格局新变化和大国经济科技竞争新特征，通过增强自主创新能力提高产业链供应链韧性，强化提升重要前沿科技和未来产业策源能力，提升在新兴产业领域的引领性、竞争力和掌控力，构建大国竞争优势突破封锁限制的发展模式。

新型工业化体现中国式现代化发展要求，开辟了不同于发达国家传统工业化模式的工业化道路模式。新型工业化坚持形成以实体经济为支撑的现代化产业体系，强调制造业在实体经济中的核心支撑作用。新型工业化体现了满足人民美好生活需要、促进全体人民共同富裕的工业化发展目标，确立了人与自然和谐共生、绿色低碳发展的工业化发展道路模式。

新型工业化以高质量发展为目标引领，确立了以创新为核心动力的工业化道路模式。新型工业化是创新驱动的工业化，是以创新为核心动力的工业化。新型工业化意味着在全球价值链分工中实现从中低端为主向中高端为主的升级，实现从主要依靠简单生产要素投入转向知识、技术、资本、数据等高级生产要素投入，从低水平的规模扩张型转向高水平的质量效益型

发展的转变，将提高全要素生产率和劳动生产率、提高资源配置效率和经济效益，为高质量发展提供更高效率、更高质量的物质技术支撑。

新型工业化顺应新科技产业革命趋势，创立了数字经济和实体经济深度融合的工业化发展道路模式。数字化、网络化、智能化新技术新产业快速发展，数字化新技术全面深度融入实体经济，传统产业在数字化转型中实现高质量发展，成为新型工业化发展的重要特征。工业特别是制造业的数实融合体现在组织全领域、价值链和产品生命周期全过程、供应链全链条以及商业生态各个方面。

二、新型工业化开启上海发展新路径

在以新型工业化建设社会主义现代化强国、实现中国式现代化发展目标的新征程中，上海需要继续领航先行。要在产业高端化发展、科技自立自强和自主创新能力提升中强化引领带动作用，要在关键核心技术突破、产业链韧性安全、构建大国竞争优势突破封锁限制中发挥关键突破功能，要在数字经济和数实融合发展、生态绿色发展中发挥先行示范作用。

（一）强化高端产业引领功能，构建现代化产业体系

上海要加快构建"2 +（3 + 6）+（4 + 5）"的国际大都市现代化产业体系。要聚焦数字化转型和绿色化转型两大转型发展目标导向；推动集成电路、生物医药、人工智能三个先导产业加快引领发展，创造新的产业竞争优势；推动电子信息、生命健康、汽车、高端装备、先进材料、时尚消费品六大重点产业优势提升，巩固优势产业领先地位，加快推动高质量发展；聚焦数字经济、元宇宙、绿色低碳和智能终端四个新赛道加快

培育先发优势，培育壮大新兴产业；围绕健康、智能、能源、空间、材料五个未来产业加快前沿技术创新突破，前瞻布局面向未来的产业新优势。

（二）强化科技自立自强战略引领，构建自主可控的产业创新体系

一是率先建立自主可控的产业技术创新体系。率先推动从模仿创新向原始创新，从引进技术创新向自主创新的转变，不断增强产业技术的自主可控。开展重点领域关键核心技术攻关，发挥新型举国体制优势，实行"揭榜挂帅"等新机制，加快突破一批核心技术和生产一批标志性重大战略产品。加快提升基础技术、基础工艺、基础材料和基础零部件、基础软件的自主创新能力，形成以自主技术能力为支撑的产业基础能力。

二是率先培育引领新工业革命的原始创新能力。上海需要代表中国成为一些重要前沿科技、未来产业的策源地，彰显在新兴产业领域的引领性、竞争力和掌控力。进一步释放新型举国体制能量，在影响未来的各个技术领域同时推进多条技术路线的发展，在新一轮科技革命和产业变革中实现产业技术能力的不断跃升。加强针对前沿科技转化的制度建设，吸引全球领先科技成果在中国落地。

三是率先建立科技创新成果产业化创新体系。贯通产业链创新链，推动创新链和产业链深度融合，构建基础研发体系、产业应用体系、优势和突破性技术研发体系。构建以企业为主体、市场为导向、产学研用深度融合的技术创新体系。促进科技成果高效转移转化，鼓励企业家与科学家深度合作，加快科技成果工程化产业化。以基础技术研发和前沿技术研发为重点，建设一批世界领先、稀有甚至唯一的重大科学装置和产业验证平台，推动体制改革创新，吸引更多主体参与创新基础设施的建设和运行。强化企业科技创新主体地位，促进各类创新要素向企业集聚，支持企业提升创新能力，全面激发企业创新活力。建设高质量制造业标准体系，强化产业标准系统化、国际化布局，以标准化引领产业创新发展。

（三）提升产业链韧性和安全水平，在构筑全产业链优势中发挥关键突破功能

一是产业链关键环节突破。聚焦"卡脖子"关键环节突破，围绕关键核心环节清单2.0版，通过"揭榜挂帅""赛马"等方式，引导社会资源聚力攻关突破，加大对关键核心技术支持。推动集成电路、新型储能、未来材料等前瞻技术布局和示范应用。加快组建重型燃机、绿色新能源航空动力、核电、智能传感器等领域创新联合体。在电子化学品、氢燃料电池等领域培育一批市级制造业创新中心，推动上海燃气轮机等创建国家级制造业创新中心。

二是产业基础能力提升。在关键元器件、材料、工艺、技术和软件的自主可控能力提升中发挥引领作用。推进实施核心技术攻关项目，梳理核心技术突破进展进程，聚焦重点产业链安全发展和提高产业链韧性，强化提升产业基础能力，以产业基础再造提升上海工业发展优势，为全国制造业转型升级提供基础能力支撑。

三是推动全产业链发展，以头部企业和"链主"企业提升整合产业链优势。发挥集成电路、生物医药、人工智能、工业母机、新材料、民用航空、新能源汽车等产业领域"链主"企业优势，围绕重点产业链深入推进"强链补链稳链"，推动产业链合力攻关和协同创新，加快培育一批具有产业生态主导力

和锻造长板优势的"链主"企业，发挥"链主"企业带动作用，强化产业链上下游、大中小企业协同攻关，推动上下游企业协同开展数字化改造，以头部企业带动全产业链发展，确立产业链优势，促进全产业链发展。

（四）加快数字经济和实体经济深度融合，在推动数字化转型中发挥先行示范作用

随着数字技术向各个产业部门的进一步渗透和赋能，工业和制造业的数字化转型将成为数实融合的主战场，同时也是新型工业化区别于传统工业化的重要特征。上海要在以新兴数字技术为支撑的新产品、新业态和新模式发展中强化提升先行优势，以智能终端、机器人、工业互联网、数字化应用场景和数字基础设施等为重点，从要素、设施、流程等方面推动全领域、全流程、全周期的数实融合，在数字经济与实体经济的融合中实现从工业经济范式向数字经济范式的转变，以数字技术推动工业经济质量提升、效率提高和竞争力提高。

（五）推进制造业绿色低碳转型，在生态绿色发展中发挥先行示范作用

与数字经济典型的创新推动特征不同，绿色低碳更多呈现需求拉动特征。低碳技术如可再生能源技术、能效技术、碳捕获和储存技术、碳汇技术等，不仅会催生新产业，也会对传统产业形成替代和颠覆。那些低碳技术创新速度快的国家，将能够在新一轮全球产业竞争中实现更快的经济增长。上海在新型工业化背景下的工业发展必须实现全面的绿色低碳转型，通过不断改善能源结构和使用清洁能源、依靠技术创新不断提高产业能效水平、构建多层次循环经济系统筹突破瓶颈、转型发展。

（2024-01-22）

以新质生产力为驱动，加快上海国际经济中心建设

谢一青*

在全球经济竞争中，新质生产力正崛起为推动经济发展的引擎。以原创性、颠覆性科技创新为基石，新质生产力不断孕育新产业、新模式和新动能，推动和支撑高质量发展。作为中国改革开放的前沿阵地和深度链接全球的国际大都市，上海需要以新质生产力为驱动，积极建设具有世界影响力的国际经济中心，提升全球经济治理影响力，在推进中国式现代化中充分发挥龙头带动和示范引领作用。

新质生产力对上海建设国际经济中心的重要价值

科技创新是推动新质生产力发展的核心要素。通过科技创新，不断创造新的生产要素、生产技术、产品和服务，摆脱传统经济增长方式和生产力发展路径的束缚，优化劳动者、劳动资料、劳动对象及其组合，提升全要素生产率，推动生产力向新质生产力跃迁，促进产业革新，从而为经济增长和社会进步

* 作者为上海社会科学院副研究员、长三角商业创新研究院特聘研究员。

提供源源不断的驱动力。

制度创新是构建与新质生产力相适应的新型生产关系的关键。经济体制、科技体制和市场体系等制度层面的创新，为科技创新成果形成实际生产力和产业化提供了坚实保障。完善的制度和政策环境能够消除阻碍新质生产力发展的因素，创新生产要素的配置方式，使各类先进优质生产要素顺畅地流向发展新质生产力的领域。

新质生产力对经济发展方式的转变至关重要。传统的经济发展方式往往伴随高投入、高消耗、高排放。上海正在积极倡导科技创新与制度创新，通过发展新质生产力，有利于打造具有国际竞争力的数字产业集群和绿色产业集群，推动上海经济朝着高科技、高效能、高质量的方向发展。

新质生产力的作用和价值不仅体现在经济发展，更广泛涉及社会进步和环境保护。

新质生产力对社会进步和文明发展具有独特价值。随着新质生产力的发展，社会的生产方式、人民的生活方式和思维方式都在发生深刻变革。在上海，人工智能、大数据技术和金融科技的广泛应用加快了城市数字化转型进程，为市民提供了更便捷高效的生活方式、更丰富的产品和服务以及更多元的职业发展机会。

新质生产力对环境的保护和可持续发展意义重大。新质生产力本身就是绿色生产力，有助于减少对环境的污染和破坏。例如，新能源和再制造产品的科技创新，不仅满足能源需求，还能减少碳排放，有助于推动上海发展方式的全面绿色转型。

完善现代化产业体系，加快培育和应用新质生产力

新质生产力在不同产业领域的应用和发展，不仅为提升上

海国际经济中心的能级提供动力，也为长三角地区、全国乃至全球的高新技术产业链赋能，为我国在未来产业国际竞争中赢得更有利的地位提供强有力的支撑。上海要积极布局建设未来产业，培育壮大新兴产业，改造提升传统产业，将科技创新成果转化为新质生产力，完善现代化产业体系。

开拓未来产业发展的新领域。主要包括量子计算、生物科技、人工智能等前沿科技。这些领域的发展不仅为上海带来新的经济增长点，也有助于中国在未来产业的竞争舞台上掌握先机。为实现这一目标，上海需要加强与国内外科研机构的合作，吸引更多高端人才，推动科技创新和成果转化。

加强战略性新兴产业的培育。集成电路、生物医药、人工智能，以及新能源汽车、高端装备、航空航天、信息通信、新材料、新兴数字产业的发展，对提升上海的产业能级和核心竞争力至关重要。为此，上海需制定优惠的产业政策、提供完善的服务保障、创造良好的营商环境，在全球范围内吸引更多优质企业和项目落地。

运用数字技术和绿色技术，推动传统产业的升级。传统产业是上海经济的重要支柱。随着市场需求的不断变化和消费者需求的升级，这些传统产业需要不断进行技术改造、产品更新和商业模式创新。数字技术和绿色技术可以赋能传统产业，从而提升生产效率、降低能耗、减少排放，提高产品的附加值和市场竞争力，在满足国内市场需求的同时，为上海打造全球绿色低碳城市作出贡献。

深化制度型开放，为新质生产力发展创造有利条件

加快形成新质生产力，需要深化制度型开放，从规则、规

制、管理、标准等多个层面扩大对外开放，破除体制机制障碍，吸引更多国内外优质资源和要素，为新质生产力的蓬勃发展创造有利条件，为上海建设更高能级国际经济中心注入动力。

优化营商环境是制度型开放的基石。上海要进一步降低市场准入门槛、加大监管力度、提供高质量的公共服务，为企业的全生命周期保驾护航，吸引更多国内外创新企业和项目在此扎根。这些企业通常具有较高的技术含量和附加值，对于整体经济质量和效益的提升起到积极的推动作用。营造良好的营商环境，还有助于促进企业间的合作与交流，加速技术转移和产业升级，为新质生产力的培育和发展提供坚实支撑。

打造人才高地是制度型开放的关键手段。人才是推动科技创新的核心引擎，尤其在新质生产力领域，高素质人才更是不可或缺的要素。通过制度型开放，上海得以吸引全球范围内的顶尖人才。这些人才不仅拥有较高的专业知识和技能，还具备丰富的创新思维和实践经验，有助于推动科技成果的转化，实现新质生产力在经济高质量发展中的作用。同时，培养本土高素质人才也是提升城市竞争力的核心举措。通过优化高等学校学科设计、人才培养模式，能够为新质生产力的发展提供源源不断的人才支持，为上海的创新发展注入新的活力。

完善高端产业链是制度型开放的核心目标。通过公平科学的产业政策和全球范围内的合作，推动上海先进制造业和高技术服务业的发展。打造更为完整的创新产业链，提升产业链供应链韧性和安全水平，提高关键领域产业链上每个环节的附加值，进而提升上海在全球产业链中的国际竞争力。

（2024-02-23）

提升上海国际金融中心竞争力与影响力，需着力从四方面突破创新

孙立行 *

2023 年习近平总书记在上海考察时强调，上海建设国际金融中心目标正确、步伐稳健、前景光明。作为金融体系的重要枢纽，国际金融中心在上海"五个中心"建设中发挥了核心支撑作用，为其他四个中心提供必要的资金支持和金融服务。一个强大的国际金融中心能够高效配置全球资本、技术、人才、数据等关键要素资源，有助于促进科技创新与成果转化，为培育和形成新质生产力提供重要支撑。

国际金融中心竞争力与影响力是金融强国的重要标志

国际经验表明，金融强国要有与其金融地位相匹配的国际金融中心，强大的国际金融中心是对金融强国的重要支撑。纽约、伦敦两大全球金融中心，作为全球财富与价值创造、要素交换与流通的"控制型枢纽"，对国际经济金融秩序和全球经

＊ 作者为上海市政协委员、上海社会科学院世界经济研究所研究员。

济要素配置具有显著影响力，成为美英两国国家竞争力的重要组成部分。我国建设金融强国也需要强大的国际金融中心，重点是完成两项重要任务：一是发挥全球资源配置枢纽功能，扩大国际金融中心的辐射深度与广度，帮助国际资本投资中国，助力中国资本走向世界；二是提升人民币国际地位，围绕强化人民币国际化中心地位，不断完善人民币产品创新、交易、定价和清算中心功能。当前，人民币已经在东盟以及共建"一带一路"国家和地区的贸易、投资活动中有较广泛的使用，尚需进一步增强上海国际金融中心的金融服务辐射力和资源配置影响力，为中国企业构筑参与国际竞争与合作新优势提供有力支持。

建设上海国际金融中心是在百年大变局加速演进下，推动中国深度参与国际金融治理的重要举措。建设面向国际的金融资产交易平台和扩大金融基础设施互联互通，有助于提升中国在国际金融市场中的影响力和话语权，不断增强对金融产品服务定价、全球金融交易规则和金融国际标准制定的主导权。同时，建设上海国际金融中心也是中国应对日益严峻外部挑战的必然选择。强大的国际金融中心不仅具备健全的法制体系和高效的金融监管，而且具有极强的市场自我修复机制，有助于增强央行宏观调控能力，有效化解国际金融风险对国内经济金融的影响，维护经济安全与金融稳定。

国际金融中心建设是上海"五个中心"建设的关键一环和重要支撑。国际金融中心与其他四个中心五位一体，相互赋能。纽约、伦敦、新加坡等主要国际金融中心无一例外呈现出"三中心"（金融中心、贸易中心、航运中心）相互依存、共同发展的特征。一方面，发达的国际贸易航运业务不断催生金融创新，金融中心功能得到进一步增强；另一方面，国际贸易、航运中心的发展离不开高能级金融中心支撑，需要配套的贸易、航运金融服务提供有力保障。国际金融中心拥有强大的科技金融、金融科技创新能力，能够促进高端产业新兴产业发展，推动资金链、产业链、创新链、服务链的深度融合，加快形成新质生产力，从而助力国际经济中心和科技创新中心建设。

影响上海国际金融中心竞争力与影响力的关键因素

从最近一期发布的全球金融中心指数（GFCI）看，上海位列第6位，与领先的"纽伦坡"等国际金融中心相比，上海亟须在扩大金融市场开放、提升金融服务功能、完善法治环境建设以及增强人民币定价权等方面取得新突破。

一是金融对外开放水平不高，资产配置能力有限。目前，外资在中国股市和债市的占比均低于5%，期货市场的国际化品种较少，金融类衍生品交易规模和市场份额十分有限。金融市场开放存在"碎片化"和"管道式"特征，不同管道之间的资金和产品并不互通。除沪伦通、中日ETF互通、中新ETF互通外，主要资本市场互联互通机制都是通过香港连接，其他市场回流渠道不畅，限制了境外资金对境内金融资产的投资渠道。

二是金融服务功能不足，法治环境亟待完善。国内证券市场尚无法为境外企业提供上市融资服务，面向国际发行的人民币金融产品有限，与国际金融市场交易制度、规则相衔接的开放体系尚未建立，境外投资者交易便利性有待提高。

三是人民币资产的国际影响力不强，缺乏全球市场定价权。国际市场对"上海价格"的认可度不高，上海主要是价格接受者而非价格决定者，导致境内资产受国际市场价格动荡的影响较大，金融资产定价和风险管理能力尚需进一步提高。

从四个维度入手提升上海国际金融中心能级

上海国际金融中心的能级提升应着力从完善市场体系、机构体系、产品体系、基础设施体系四个维度入手，扩大高水平金融开放，尽快弥补在金融市场国际化、金融服务功能及金融法治环境等方面的短板与缺陷，不断增强全球竞争力与影响力。在当前国际金融风险不断增大、稳慎推进资本账户开放的背景下，进一步发挥自贸试验区创新引领功能，积极对标高标准国际金融规则，加大制度型开放压力测试，探索构建与上海国际金融中心相匹配的离岸金融体系，加快提升全球资源配置功能及金融风险管理能力。

第一，以建设国际金融资产交易平台为切入点，加快提升金融市场国际化水平。推动建设自贸区离岸国债市场，满足境外投资者对人民币安全资产需求，提升央行离岸流动性调控能力，夯实人民币定价引导作用。扩大人民币资产、金融产品面向国际市场交易，加快推动再保险"国际板"建设，促进国内外金融市场基础设施及其交易制度、规则的衔接。优先吸引"一带一路"国家的优质企业证券在自贸试验区上市交易，开展资产支持证券、融资租赁资产、贸易融资资产等跨境转让交易，提升全球资产配置功能。适时推出国债期权与外汇期货业务试点，丰富金融资产风险管理工具，吸引更多国际机构和投资者参与金融市场交易。

第二，培育和吸引具备全球竞争力的金融服务商，提高总部型外资金融机构和国际组织集聚度。支持本土金融机构参与跨境金融、离岸金融等业务，吸引高能级国际专业服务机构集聚，培育高端专业服务机构，提升服务全球市场的竞争力。鼓励国际金融治理、金融科技、绿色金融等领域的国际组织、机构落户上海，并参与国际规则制定与合作。建设离岸数据平台，开展跨境数字人民币应用试点，加快抢占数字金融全球制高点，推动构建具有全球影响力的金融科技中心和资产管理中心。积极探索绿色金融发展有效路径，研究支持境外企业参与建设碳期货、碳期权市场，构建全球最大的碳金融交易市场，提升碳市场交易的活跃度和国际竞争力。

第三，扩大"上海价格""上海标准"的国际影响力，建设金融国际标准制定高地。扩大"上海金""上海油""上海铜""上海胶"等"上海价格"的全球应用。建立"上海清算标准"，发布相关国际清算行业标准，推动境内外相关清算标准高效对接，提升对金融国际标准制定的影响力。完善跨境金融基础设施建设，加快扩大能源、贵金属等大宗商品交易中采用人民币计价结算，提高人民币跨境支付系统（CIPS）对"一带一路"倡议和全球人民币离岸市场发展的支持能力，提升关键产品的人民币定价能力和国际话语权。

第四，推动金融法治国际化，形成与国际规则接轨的制度创新体系。充分发挥浦东新区立法权优势，整合试点政策和创新实践，加快制定引领区域金融高水平开放条例，不断完善金融法律环境和监管体系，提升金融司法和执法国际化水平。创新在金融数据治理等方面的有效监管方式，进一步提高牌照监管、监管透明度、监管标准、监管协调等方面的能力，构建具有中国特色的"判例体系"和解决金融纠纷的"上海规则"。

　　第五，加强跨境资金流动风险监测，健全宏观审慎的管理框架。深化外汇管理改革试点，降低金融交易成本，促进跨境资本自由流动，提升投融资便利化程度。加快实施自由贸易账户本外币一体化管理，增强跨部门监管的协调性。强化数据驱动型监管，提高智慧监管水平，构建安全开放的金融体系。

（2024-05-21）

赋能现代化产业体系建设，上海如何撬动这一支点？

纪园园　朱平芳　毛勇春[*]

数字经济已经成为稳增长、促转型的重要引擎。习近平总书记指出，数字经济具有高创新性、强渗透性、广覆盖性，不仅是新的经济增长点，而且是改造提升传统产业的支点，可以成为构建现代化经济体系的重要引擎。数字经济利用数字技术和数据资源，引领实体经济的生产模式与发展理念深刻变革，不断推进传统产业向数字化、智能化、现代化升级，助力新兴产业的发展，从而夯实现代化产业体系的基础。

以"虚"促"实"，重塑传统产业体系

数字经济以"虚"促"实"，开拓了实体经济发展的新空间，推动传统经济朝着数字化、智能化方向发展。数字技术的应用能够加速生产流程、优化资源配置，促进实体经济提质增效，为实体经济注入新的活力。数字经济以产业数字化手段赋能传统产业竞争力，促进了传统产业转型升级，赋能传统产业生产现代化和产业流通现代化，从而实现对传统产业体系的重构。

* 作者工作单位：上海社会科学院。

数字经济提升传统产业运营效率，赋能产业生产现代化。传统产业通过引进数字化技术带来更大的创新和竞争优势，从而提升效率、降低成本，实现更高的经济效益。一方面，企业运用数字化技术能够更灵活、高效地应对市场变化，提高组织协调效率。通过大数据、云计算等数据分析工具，企业管理层第一时间获取组织运营情况，从而能够更迅速地作出决策。利用数据实时监控手段，企业也能够及时发现问题，有助于管理层及时调整战略和资源分配，以应对不断变化的商业环境。另一方面，数字化技术可以帮助企业更精确地进行市场预测，对消费者行为、市场趋势和竞争格局进行更深入地分析，为企业反馈更准确的市场信息，企业可以制定更精细化的营销策略、优化产品定位，并更好地满足客户需求。

数字经济将产业链上下游全面融合，形成了强大的数字化供应链网络，赋能产业流通现代化。数字化技术将企业供应链由"串联"改造为"并联"，大大加强了产业运作的效率，从而使得整个经济体系更加高效和现代化。数字化技术打破了企业信息孤岛，使得不同部门之间的信息得以实时共享，加强了沟通效率，共享数据资源，实现企业内部各单元协同高效管理。同时，数字化技术将各个产业环节更紧密地连接在一起，将传统的链式供应体系升级为网状供应体系，实现了供应链之间资源的高效流动。数字化技术还提高了产业链的透明度和信任度，通过实时数据追踪和共享，各个环节的信息更加透明可见，从而减少信息不对称，有助于产业链良性发展。

催生新业态，助推形成新质生产力

数字经济以人工智能、大数据分析、物联网等前沿性技术催生了新产业、新业态、新模式，进而助推新质生产力成长。数字经济的崛起促使新的商业形式迅速发展，传统产业加速数字化转型，在线新零售、数字支付等新兴的数字业务也应运而生。

数字经济推动了新兴产业的创新和发展，加速了技术应用和商业模式的演变，驱动形成新质生产力。随着新一代数字技术的日新月异，新兴产业诸如数字医疗、数字教育、数字文旅等实现了前所未有的创新。例如，数字医疗通过 AI 和大数据技术，实现了远程诊疗、精准医疗等新的医疗模式。数字教育通过在线教育平台和 AI 辅助教学，实现了个性化学习和大规模在线学习。数字文旅通过 VR、AR 和 AI 等新一代技术的结合，带来了全新的文旅融合时空体验，广受新时代消费者的喜爱。数字化技术为企业提供了更便宜、高效的基础设施和服务，为创业者提供了更低的创业门槛和更灵活的创业模式。同时，通过电商平台、社交媒体等数字渠道，新兴产业能够更广泛地触及国际市场，实现全球化竞争和合作。

数字技术支撑平台经济发展，推动形成新的商业模式，赋能经济社会高质量发展。在数字经济时代，平台经济不再仅仅依赖传统的平台模式，而是建立在以互联网为基础的新型平台经济上，如电商平台、共享经济平台等。通过技术平台连接供需两端，提供更便捷、更高效的服务，同时也为更多人提供了就业和创业的机会。这些技术平台通过数字技术实现在线交易、数据分析、智能化服务，从而推动商业模式的创新，改变了传统产业的格局。例如，电商平台通过数字化方式拓展了交易渠道，提升了消费者购物的便捷性，同时也为商家提供了更大的市场。共享经济平台通过优化资源利用，创造了共享的经济生态，使得个体能够灵活利用自己的资产，实现互惠互利的局面。

数字经济赋能现代化产业体系建设面临的挑战

数字经济通过数字技术的应用，提高了企业生产效率，驱动了经济可持续发展，但在发展过程中，也存在一些问题、面临一些挑战。

一是，数字经济产业基础研究与应用研究失衡，基础研究相对薄弱。目前数字经济产业大部分处于行业应用环节，更关注如何在实际产业中应用数字技术，而在基础理论与原始创新方面的投入相对较少，尤其缺乏在数字经济产业领域的理论引领，导致产业内知识创新缺少基础理论支持。以上海人工智能机器人产业为例，截至 2023 年 6 月底，从产业链上下游分布来看，超八成智能机器人产业处于下游应用环节，全部 107 家上海智能机器人企业中处于产业链上游的仅有 15 家，占比14%。同时，上海数字经济创新投入主要集中于对已有技术进行优化和改进，而对于颠覆性技术创新投入相对较少，从而限制了数字经济产业在全球竞争中的地位。

二是，数字技术高度发展带来的"数字鸿沟"和"算法歧视"问题。"数字鸿沟"是指在数字化时代，由于不同地区、不同群体之间在数字应用水平上存在的差距而导致的一种不平等现象。"算法歧视"是指互联网平台根据用户的个人信息、购买历史等数据，对不同用户采取差异化的定价策略，进而引发消费者之间的公平问题，频繁曝光的"大数据杀熟"现象就是典型例证。"算法歧视"不仅出现在消费领域，在劳动场景中同样存在，比如招聘、晋升和绩效评估等方面。

三是，由于法规政策滞后于技术发展，引发数据安全问题。随着经济社会的数字化转型，数据已经成为新的生产要素，数据交易、数据分析等服务正在成为数字经济的重要组成部分。然而，数据安全问题也日益突出，包括数据泄露、数据滥用等，不仅关系到个人隐私的保护，也关系到企业的经营安全和社会的稳定。这主要源于法规和政策未能及时跟上数字技术的变革，导致企业在处理用户数据时缺乏明确的法律约束。

数字经济赋能现代化产业体系的现实路径

上海作为数字经济发展的综合引领型城市，数字经济竞争力指数稳居全国前列。为进一步促进"数实相融"，上海积极落实国家战略，高度重视数字经济在现代化产业体系中的引领作用，将数字经济作为四大新赛道产业之一抢先布局，推动传统产业转型升级，助力新兴产业加快发展，激发经济发展新动能。以数字经济赋能现代化产业体系建设，上海需要进一步从以下几个方面发力。

一是加快数字核心技术攻关，提高数字基础研发能力。充分发挥新型举国体制优势，推动有效市场和有为政府更好结合，加强科技资源统筹配置，面向量子计算、人工智能、数字孪生等重点领域，前瞻布局一批数字科技基础研究项目，提升数字关键技术自主可控能力，实现数字关键技术的突破性创新。搭建开放创新平台，促使技术创新与最终用户的对接与耦合，充分发挥创新平台对高端人才的吸附作用、对科研机构的聚合作用、对重大科技攻关的组织作用，推动优质创新资源向社会开放共享。

二是弥合数字鸿沟，解决发展不平衡不充分问题。加快

5G 网络、数据中心等新型基础设施建设，推动数字技术的普及化，让更多人享受数字经济带来的普惠性。提供广泛的数字培训，帮助更多人具备使用数字技术的基本能力，最大程度缩小数字鸿沟，促进社会的平衡和全面发展。同时，积极构建"数字经济＋X"复合型人才并重的培养体系，培养多领域的创新型人才，鼓励提升人才与市场需求之间的适配度。

三是建立健全数据安全法规，强化数据安全保障。制定严格的数据保护法，明确个人和企业的数据权利，规定数据的收集、使用和分享的规则。制定和推广统一的数据安全标准，确保企业在数据管理和存储方面采取最佳方案，降低数据泄露和滥用的风险。建立数据安全监管机构，监管数据的收集、使用和分享，处理数据安全事件。此外，还需要加强数据安全的技术研发，如加密技术、匿名化技术等，为数据安全提供有力技术保障。

（2024-05-17）

因地制宜发展新质生产力，上海城市空间资源如何进一步优化配置？

程　鹏　杨　犇　*

2024 年全国两会期间参加江苏代表团审议时，习近平总书记提出"因地制宜发展新质生产力"。作为中国经济总量最大的城市，上海在集聚人才、资金、技术和数据等各类新质生产力发展要素方面具有相对优势，但也面临超大城市空间资源要素紧约束的掣肘。因此，持续优化配置城市空间资源，是强化新质生产力发展支撑保障能力的必然要求。

生产力发展与城市空间结构演进的历史逻辑

城市是人类社会生产力发展的成果，是各类生产要素最为集聚的地方。从农耕技术发展催生的古代城市，到工业革命构建的近代城市，以及计算机和通信技术革命影响下的现代城市，不同时期的生产力发展水平在构建城市的同时，城市也日益成为提升生产力发展水平的关键区域。当前，新一轮科技革命和产业变革突飞猛进，科技创新主导新质生产力发展的作用

* 作者分别为上海社会科学院城市与人口发展研究所副研究员；上海投资咨询集团有限公司智库研究中心特聘高级研究员。

更加凸显，也将深刻影响城市空间结构的调整优化。

上海城市空间结构的演进，同样是一个不断适应生产力发展、匹配城市定位和功能迭代升级的过程。从农耕时代的老城厢城市形态，到开埠后城市空间结构发生突变，在老城厢之外形成了全新的近代城市形态；从中华人民共和国成立初期变"消费中心"为"生产中心"，到改革开放后城市功能定位不断提升，直至浦东开发开放，在集聚全球资源、融入全球化进程中，城市实现了跨江发展的又一次空间结构重大变化。进入新发展阶段，聚焦国际经济、金融、贸易、航运和科技创新"五个中心"建设，构建"中心辐射、两翼齐飞、新城发力、南北转型"的多中心、网络化城市空间结构和区域协同发展格局，形成了城市功能提升和空间结构调整的新一轮互动。

把握新质生产力发展要素及其优化组合跃升的空间需求

新质生产力以劳动者、劳动资料、劳动对象及其优化组合的跃升为基本内涵，不断涌现的新生产要素、新生产工具和新劳动主体将带来直接和间接的空间需求。

其一，数据作为关键生产要素成为新劳动对象，数字技术创造生成式人工智能等新生产工具，以此为标志的技术革命性突破、生产要素创新性配置和产业深度转型升级，将不断催生多元化的产业创新空间类型。比如，多元化的新型基础设施类型，包括大数据中心和大科学装置等作为"锚点"的各类创新基础设施。又如，多元化的区位选择，"东数西算"工程从韧性、低碳和能力逻辑出发，在宏观尺度上正加速重构我国的算力基础设施乃至重大科技创新平台体系格局；中微观尺度上的环境导向推动创新回归城市中心地区或向郊野低密度地区拓展。再如，多元化的空间形态，各类创新楼宇、创新街区、新兴产业和未来产业园区等产业创新承载平台层出不穷。持续厚植新质生产力发展的土壤，上海率先成立了张江、临港和"大零号湾"首批三个未来产业先导区，发布了三批53个特色产业园区，未来三年将打造3000万平方米智造空间。

其二，人才是创新的核心力量，新劳动者是能够创造新质生产力的战略人才和熟练掌握新型生产资料的应用型人才，通常拥有更高的教育水平、更强的学习能力。发展新质生产力，归根结底要靠创新人才。数据显示，上海人才资源总量超过675万人，高端人才数量位居全国第一。当前，创新发展的人才核心性和创新环境的品质指向性日益显著，要求空间规划超越单纯的形态规划向更具综合性的场所营造转变。为此，一方面要以满足创新人才这类特定群体与满足全体人民日益增长的美好生活需要为根本目的；另一方面通过营造舒适的生活和工作环境，寻求城市发展的内生动力，形成"环境吸引人才，人才集聚产业，产业繁荣城市"的发展路径。

聚焦城市空间资源的优化配置强化新质生产力支撑保障

新质生产力需要一定的空间才能落地生根、茁壮成长。用好总书记指出的"因地制宜"这一方法论，对致力于勇争先、走在前的上海而言，应立足超大城市发展特点，从新质生产力发展要素的集聚和融合两方面发力，进一步提高土地和空间资源要素配置的精准性和利用效率，优化拓展新质生产力的发展空间。

第一，应聚焦重点地区、重点领域和关键环节，以技术、数据和人才等新质生产力要素集聚引领区域协同和破局突围。

要进一步优化城市空间布局，加强各类高能级要素、高等级活动集聚，全面增强中心辐射能级，把"五个中心"建设放到上海大都市圈和长三角一体化发展中统筹考虑，推动新质生产力在更大区域范围内协同布局。比如，要抓住科技创新这个发展新质生产力的"牛鼻子"，加快建设科创中心承载区和未来产业先导区，以G60科创走廊、张江科学城、"大零号湾"、临港新片区等为重点，打造世界级创新要素承载平台，强化前沿新兴领域和未来产业的布局，打造发展新质生产力的主阵地。又如，新质生产力的"新"，离不开数据的"新"，要强化张江国家级数据要素产业集聚区、临港新片区国际数据经济产业园等载体支撑，促进数据跨境流动和高效流通，激活数据要素价值，推动生产力跃升。再如，着眼于人员跨境往来便利化，要加快建设东方枢纽国际商务合作区等外向型枢纽，增强对国际人员等资源要素的吸引力，促进高水平国际商务合作交流。

第二，以深入实施城市更新行动为牵引，推动新质生产力发展要素融合，用城市更新的"新"夯实新质生产力的"新"。

一是挖掘存量资源，重构存量空间价值。推进产业用地"两评估、一清单、一盘活"专项行动，强化产业用地全生命周期管理，盘活利用低效用地，提高产业用地综合绩效，着力降低产业用地成本，通过综合评价和差别化配置，推动资源要素向优质高效领域和优质企业集聚。二是聚焦政策创新，重塑存量空间品质。以政策创新推动城市更新模式创新，推广产业综合用地等土地混合利用新模式，推动土地综合开发、混合利用和功能复合。持续推进"工业上楼"、打造"智造空间"，在"工业上楼"关键指标、奖补政策等方面出台支持创新的鼓励政策。三是聚焦场所营造，深化青年发展型城市建设。深入践行人民城市重要理念，尤其是最大限度地发挥青年人才在新质生产力发展中的生力军作用，就要结合城市更新行动，聚焦青年发展型社区、街区、园区和创新实验室等基本场景，打造更多适应青年需求的居住空间、社交空间、工作空间、学习平台和创新实践空间，营造让城市更好玩的文化、娱乐和消费场景，打造服务于人和产业共同发展的复合创新空间等，促进更多青年人才成为新质生产力生成的引领者、推动者、见证者。

（2024-04-22）

上海推进"人工智能+","四个协同"是重要突破口

刘　丰*

2024年《政府工作报告》首次提出,要深化大数据、人工智能等研发应用,开展"人工智能+"行动,打造具有国际竞争力的数字产业集群。人工智能作为上海的三大先导产业之一,目前在沪规模以上企业数量达到350家,产值达到3800多亿元,是五年前的三倍,越来越多的"人工智能+"应用细分场景正被如火如荼地开发。对于上海来说,在推进"人工智能+"发展中充分发挥龙头带动和示范引领作用,"四个协同"是重要突破口。

创新协同:激活更强发展动能

"人工智能+"发展是以创新为第一动力,以人工智能科技与产业协同创新为显著特征,通过科技创新培育产业创新、以产业创新牵引科技创新的新质生产力业态。

推动创新主体协同,打造创新生态圈。要发挥链主、龙头

* 作者工作单位:上海社会科学院经济研究所。

企业在人工智能关键核心技术和国家重大项目中的引领支撑作用，支持"专精特新"企业在细分领域发挥独特优势，推动产业链上中下、大中小企业主体融合创新，实现"0到1"的创新质变、"1到10"的创新裂变。要进一步推动企业跨界协同创新，依托相关企业集聚、"人工智能＋"场景集群、功能性平台集成，推动企业针对重大共性技术联合创新，共投、共研、共担、共享、共领产业链发展。此外，要加快建设以科技领军企业牵头主导、各创新主体相互协同的创新联合体，发挥实验室、科研机构、高水平研究型大学基础研究的主力军作用，为企业创新提供长远支撑。

加强创新资源协同，形成创新聚合力。聚合制度、政策、资金、人才等关键创新资源，推进科技产业和体制机制一体化创新。发挥科创板枢纽平台功能，大力推动科技创新和产业创新的深度融合，为"人工智能＋"发展赋能添翼。支持制定符合辖区特色的专项扶持政策，发挥产业发展、创新创业等政策性基金的引导作用，统筹整合资源，打造亿元级"人工智能＋"基金群。培育现代化人力资源，发挥人才创新红利，构建关键领域领军人才的招引机制，打通科技人才与产业人才相互融通的体制机制，形成科技成果转移转化人才培育机制，充分释放人才的积极性与创造性，为科技与产业发展的深度融合提供有力支撑。

区域协同：提升更高发展能级

以推动"人工智能＋"区域协同发展作为深入推进长三角一体化发展的重要突破口，充分发挥规模经济与范围经济重要优势，实现生产要素跨空间优化配置，进一步提升创新能力、产业竞争力、发展能级。

促进区域产业协同，提升产业发展能级。加强"人工智能+"科技创新和产业创新跨区域协同，大力推进长三角一体化创新，加强科技创新和产业创新在新质生产力领域中深度融合，跨区域整合人工智能技术创新力量和优势资源，实现强强联合，拓展新空间，培育新动能，更好联动长江经济带、辐射全国。加快长三角优先完善"人工智能+"一体化发展体制机制，加强规划、土地配置、项目建设的跨区域协同和有机衔接，推进产业跨区域共建共享，有序推动产业跨区域转移和数智要素合理配置，实现更大突破，使长三角率先成为区域"人工智能+"发展共同体的典型样本。

增强区域市场协同，发挥规模经济效应。推动区域市场要素协同，竞合有序，构建"人工智能+"市场要素自由流动机制，在劳动力、资本、土地、数据、技术等要素市场化配置上先行先试，促进各种资源要素的流动与配置突破区划限制，以统一大市场集聚资源、激励创新、优化分工、促进竞争，实现要素在区域内自由流动、灵活配置；推动区域市场规则协同，竞合公平，完善产权保护，落实统一的市场准入制度，建立共同的市场负面清单，实现跨区域注册登记无差别标准，消除长三角区域人工智能产业标准差距，强化市场协同监督管理，推进长三角区域人工智能政策执行一体化。

人机协同：共享更多发展成果

习近平总书记在党的二十大报告中指出，中国式现代化是全体人民共同富裕的现代化。"人工智能+"发展，要坚持以人民为中心的发展思想，在高质量发展中促进人民物质生活和精神生活共同富裕，使发展成果由人民共享。

强化人机需求协同，促进高质量就业。重视"人工智能+"在生产和服务端应用方向性的把握，鼓励机器人应用朝着紧缺型、匹配型、前景型和互补型的方向发展。推动其更好地适应老龄化社会的各类需求，如满足风险程度高、健康危害大、工作环境恶劣的应用场景等；增强其与行业周期规律相匹配，加速智能化设备的应用和落地，防止过高沉淀成本与智能应用过度化；助力其创造新供给，与行业前景深度融合，不断满足新需求，带动新就业；利用其实现不同年龄段、不同性别等维度的劳动力要素互补，提升老年人收入水平，缩小性别收入差距，使弱势群体共享发展成果。

深化人机供给协同，扩大高品质供给。以智能化推动"9+X"战略性新兴产业和先导产业发展体系的打造，通过人工智能，在研发端、生产端与需求端促进产业研发效率提升、新供给创造速度加快、生产过程智能程度加深、有效需求深度转化；以上海公共招聘新平台为依托，构建岗位智能化监测与管理，推出保底线、扩就业、强供给、促匹配和防失业的五大智能化举措，实现人工智能风险下稳定就业的大局；发挥上海禀赋优势，打造"智慧+医疗""智慧+养老""智慧+金融"等创新试点，以智能化技术联通形成医疗、养老与金融一体化资源配置联动，为做好五篇"金融大文章"提供"上海智慧"；发挥国际金融中心优势，积极探索多元化资本，共谋"人工智能+"产业发展，共享人工智能发展成果。

内外协同：促进更高发展水平

打通内外两个"人工智能+"市场之间的阻隔，消除内外市场间商贸流通的障碍，促进内外市场规则的趋同，夯实上海桥头堡的引领带动功能，激活双循环，更好利用国际国内两个市场、两种资源，实现更高水平发展。

推进内外贸易协同，推动一体化发展。完善"人工智能+"内外一体化制度体系，促进内外法律法规、监管体制、经营资质、质量标准、认证认可等相互衔接，推进产品服务同线同标同质；增强"人工智能+"内外一体化发展能力，支持人工智能企业"走出去"，加强资源整合配置，提高国际竞争力，增强产业链供应链韧性，更好对接国内国际市场；加快"人工智能+"内外融合发展，依托自由贸易试验区、自由贸易港建设产业融合发展高地，充分利用中国国际进口博览会、世界人工智能大会等具有国际影响力的会展平台增进国内外市场交流；以"一带一路"为纽带，以"人工智能+"为着力点，打造创新合作新高地，实施创新行动计划，推进创新交流合作。

发挥内外治理协同，提升国际话语权。积极搭建发展各方参与的开放性平台，推动形成具有广泛共识的国际人工智能治理方案，通过打造上海"人工智能+"发展的成功版本，向国际社会发出中国声音、提出中国方案、贡献中国智慧；依托和完善"一带一路"知识产权合作机制等平台，加强知识产权保护国际合作，构建开放、公平、公正、非歧视的发展环境，落实好全球人工智能治理倡议，共同促进全球"人工智能+"健康有序安全发展。

（2024-05-10）

后　记

　　新时代呼唤新理论，新理论引领新实践。党的二十届三中全会提出，健全推动经济高质量发展体制机制。高质量发展是"十四五"乃至更长时期我国经济社会发展的主题，是全面建设社会主义现代化国家的首要任务。发展新质生产力是推动高质量发展的内在要求和重要着力点。

　　2023 年 7 月以来，习近平总书记在四川、黑龙江、浙江、广西等地考察调研时提出，要整合科技创新资源，引领发展战略性新兴产业和未来产业，加快形成新质生产力。2024 年 1 月 31 日，在主持中共中央政治局第十一次集体学习时，习近平总书记对"新质生产力"进一步作了系统论述。2024 年 3 月 5 日，在参加全国两会江苏代表团审议时，习近平总书记提出"因地制宜发展新质生产力"。

　　作为重大理论创新，新质生产力究竟是什么，"新"在哪里，包括哪些重要方面，实践中如何加快形成和发展新质生产力，这些问题亟待给出专业分析和阐释。自"新质生产力"提出以来，解放日报·上观新闻"思想汇"栏目就予以高度关注，密切追踪理论界对于这一新概念新提法的解读阐释。2023年9月，习近平总书记在黑龙江考察调研，媒体公开报道中首次提到"新质生产力"，"思想汇"栏目敏锐捕捉到了这个重要提法，及时约请专家撰写理论文章，于9月14日在上观新闻上线，这在全国媒体中是比较早的。此后，根据习近平总书记发表的重要讲话等，持续约请专家从不同角度对新质生产力予以学理化阐释，使这一新概念为广大读者所认识，并不断加深理解。

感谢上海人民出版社张晓玲总监、冯静编辑，她们关注到"思想汇"栏目刊发的相关理论文章，提出将之汇编成书。本书文章精选自"思想汇"栏目已刊发的有关新质生产力的文章，作者来自国内不同领域不同学科，分别从理论创新、内涵特征、实践路径等角度解码新质生产力。为了便于广大读者阅读和学习，本书编写时将所有文章分为四个板块，从新质生产力的内涵要义、新质生产力与高质量发展、新质生产力与新动能、新质生产力与上海发展等方面予以分类，多角度全方位展现这一新概念的重要意义和丰富内涵。

在本书即将付梓之时，编者特向本书各位作者致以诚挚的感谢。希望他们对于新质生产力的不同角度的解读，能够帮助广大读者正确理解新质生产力这一重大理论概念，从而为用党的创新理论更好指导经济社会发展实践提供重要参考。

图书在版编目(CIP)数据

新质生产力 / 丁利民，王珍主编. -- 上海 ：上海
人民出版社，2024. -- (理论关键词). -- ISBN 978 - 7
- 208 - 19039 - 9

Ⅰ. F120.2

中国国家版本馆 CIP 数据核字第 2024EV0471 号

责任编辑 冯　静
封面设计 孙　康

理论关键词

新质生产力

丁利民　王　珍 主编

出　　版　**上海人民出版社**
　　　　　（201101　上海市闵行区号景路 159 弄 C 座）
发　　行　上海人民出版社发行中心
印　　刷　江阴市机关印刷服务有限公司
开　　本　635×965　1/16
印　　张　14
插　　页　5
字　　数　153,000
版　　次　2024 年 9 月第 1 版
印　　次　2024 年 9 月第 1 次印刷
ISBN 978 - 7 - 208 - 19039 - 9/F · 2881
定　　价　80.00 元